W0357348

DK

Dinos

Weshalb? Deshalb!

Das Frage-und-Antwort-Lexikon

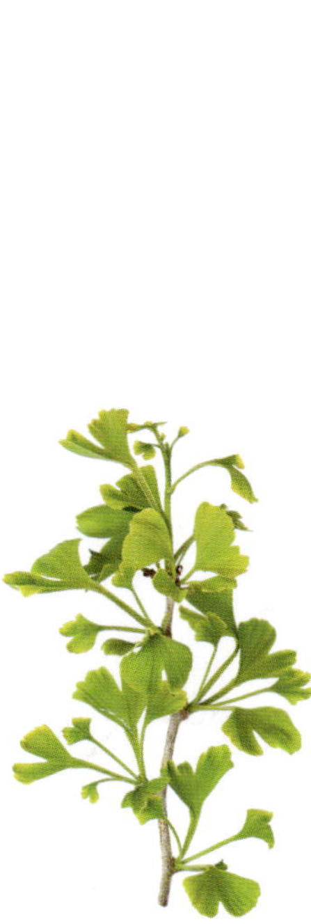

DK

Dinos

Weshalb? Deshalb!

Das Frage-und-Antwort-Lexikon

Nicholas St. Fleur

DK | Penguin Random House

Text Nicholas St. Fleur
Fachliche Beratung Emily Keeble
Illustrationen Dan Crisp, Arran Lewis, Ed Merritt

DK London
Lektorat Sally Beets, Olivia Stanford, Lizzie Davey, Jolyon Goddard, Katie Lawrence, Laura Gilbert, Jonathan Melmoth, Sarah Larter
Gestaltung und Bildredaktion Ann Cannings, Diane Peyton Jones, Helen Senior
Umschlaggestaltung Jim Green, Issy Walsh
Herstellung Dragana Puvacic, Barbara Ossowska

DK Delhi
Lektorat Bharti Bedi, Radhika Haswani, Mark Silas, Alka Thakur Hazarika, Malavika Talukder
Gestaltung und Bildredaktion Nidhi Mehra, Jaileen Kaur, Nehal Verma, Seepiya Sahni, Romi Chakraborty, Dheeraj Singh, Jagtar Singh, Vijay Kandwal, Sakshi Saluja
Herstellung Pankaj Sharma

Für die deutsche Ausgabe:
Programmleitung Monika Schlitzer
Redaktionsleitung Martina Glöde
Projektbetreuung Stefanie Beck
Herstellungsleitung Dorothee Whittaker
Herstellungskoordination Antonia Wiesmeier
Herstellung Verena Marquart

Titel der englischen Originalausgabe:
Does A Dinosaur Roar?

© Dorling Kindersley Limited, London, 2020
Ein Unternehmen der Penguin Random House Group
Alle Rechte vorbehalten

© der deutschsprachigen Ausgabe by
Dorling Kindersley Verlag GmbH, München, 2020
Alle deutschsprachigen Rechte vorbehalten

Jegliche – auch auszugsweise – Verwertung, Wiedergabe, Vervielfältigung oder Speicherung, ob elektronisch, mechanisch, durch Fotokopie oder Aufzeichnung, bedarf der vorherigen schriftlichen Genehmigung durch den Verlag.

Übersetzung Eva Sixt
Lektorat Carola von Kessel

ISBN 978-3-8310-4058-2

Druck und Bindung RR Donnelley, China

MIX
Papier aus verantwortungsvollen Quellen
FSC® C144853

www.dk-verlag.de

Inhalt

Die Zeit der Dinosaurier

Körper & Aussehen

Auf Seite 124 erfährst du, ob ich ein Dinosaurier war.

Sinne & Verhalten

Das Ende der Dinos

Lerne mich auf Seite 106 kennen. Wäre ich ein gutes Haustier?

Dino-Forschung

? Dino-Quiz

Teste dein Wissen! Mit den Fragen in diesen Kästen findest du heraus, wie viel du schon über Dinosaurier weißt. Dabei hilft es, die Seiten genau zu lesen und gut zu überlegen. Die Antworten findest du hinten im Buch auf Seite 130–131.

Die Zeit der Dinosaurier

Mehr als 180 Millionen Jahre lang lebten Dinosaurier auf der Erde. Räuber wie *Cryolophosaurus* jagten Tiere in urzeitlichen Wäldern, während Pflanzenfresser wie *Parasaurolophus* auf der Suche nach saftigen Blättern durch das Land zogen. Die Säugetiere waren damals noch klein und unscheinbar.

Wer waren die Dinos?

Die Dinosaurier waren Reptilien, die vor vielen Millionen Jahren lebten. Vielleicht hast du schon vom furchterregenden *Tyrannosaurus rex* gehört oder vom riesigen *Diplodocus*. Trotz aller Unterschiede hatten die Dinos viele Gemeinsamkeiten. Ihre Beine standen senkrecht unter dem Körper und sie legten Eier.

Schreckliche Echsen

1842 nannte der englische Forscher Richard Owen versteinerte Knochen „Dinosauria“. Das Wort kommt aus dem Griechischen und bedeutet „schreckliche Echse“.

Wie stehen und laufen Reptilien?

Eidechse

Bei Echsen sind die Beine seitlich vom Körper abgespreizt. Wenn sie laufen, bewegen sie den Körper hin und her.

Krokodil

Alligatoren und Krokodile laufen aufrechter als Eidechsen. Dabei bewegt sich nur ihre Hüfte hin und her.

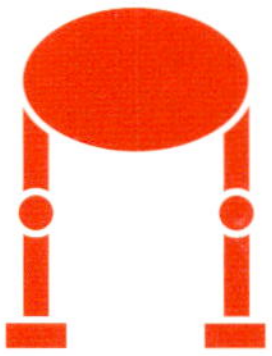

Dinosaurier

Bei Dinos standen die Beine senkrecht unter dem Körper. Sie konnten schneller laufen als die heutigen Reptilien.

? Dino-Quiz

1. Welche Merkmale haben alle Dinosaurier?
2. Wie hieß der Forscher, der versteinerte Knochen „Dinosauria“ nannte?
3. Zu welcher Tiergruppe gehörten die Dinos?

Die Antworten findest du auf S. 130–131.

Wann lebten die Dinosaurier?

Die ersten Dinosaurier tauchten vor 233 Millionen Jahren auf. Sie lebten im Erdmittelalter (Mesozoikum), das aus den Perioden Trias, Jura und Kreide bestand und vor 66 Millionen Jahren endete.

Vor den Dinos

Bevor sich die Dinosaurier entwickelten, lebten Reptilien wie *Dimetrodon* auf der Erde.

Meteorit

Vor etwa 66 Mio. Jahren traf ein riesiger Meteorit die Erde. Die Dinos starben aus.

Welche Dinosaurier tauchten zuerst auf?

Herrerasaurus

Einer der ersten Theropoden, ein Fleischfresser mit scharfen Zähnen, lebte vor etwa 231 Mio. Jahren.

Eoraptor

Auch dieser Dino lebte vor etwa 231 Mio. Jahren. Er war ein schneller Räuber, der auf den Hinterbeinen lief.

Die ersten Dinosaurier

In der Trias entwickelten sich die ersten Dinosaurier, unter ihnen *Coelophysis*.

Dino-Quiz

1. Wann lebten die ersten Dinosaurier?
2. Wie viele Beine hatte *Dimetrodon*?
3. Was führte dazu, dass die Dinosaurier ausstarben?

Die Antworten findest du auf S. 130–131.

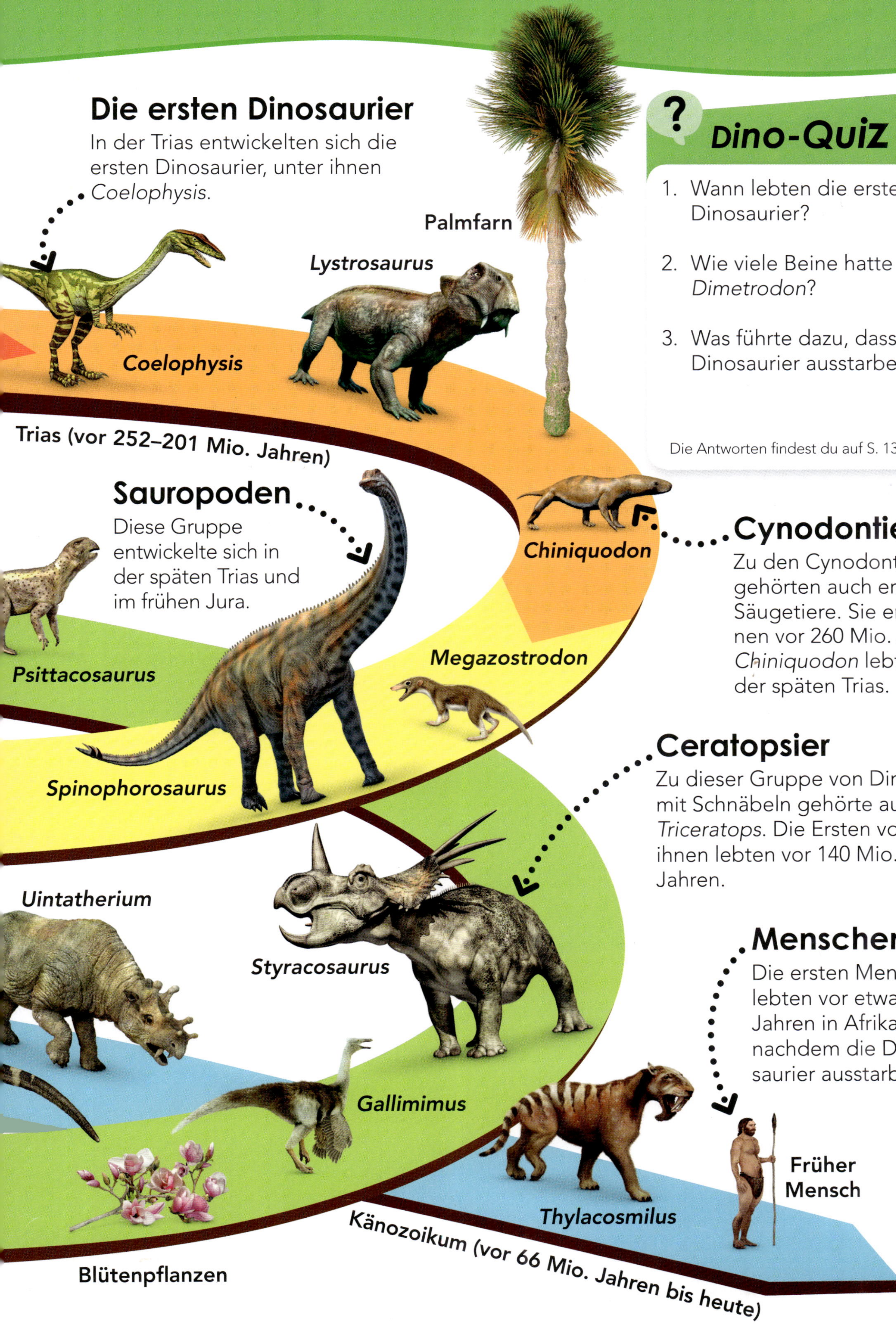

Sauropoden

Diese Gruppe entwickelte sich in der späten Trias und im frühen Jura.

Cynodontier

Zu den Cynodontiern gehörten auch erste Säugetiere. Sie erschienen vor 260 Mio. Jahren. *Chiniquodon* lebte in der späten Trias.

Ceratopsier

Zu dieser Gruppe von Dinos mit Schnäbeln gehörte auch *Triceratops*. Die Ersten von ihnen lebten vor 140 Mio. Jahren.

Menschen

Die ersten Menschen lebten vor etwa 300 000 Jahren in Afrika, lange, nachdem die Dinosaurier ausstarben.

Wie haben sich die Kontinente verändert?

In der Urzeit gab es auf der Erde nur einen einzigen riesigen Superkontinent. Im Lauf der Jahrmillionen zerbrach er und die Teile drifteten auseinander. In dieser Zeit entwickelten sich die Dinosaurier.

Irgendwann in der Zukunft werden alle Erdteile wieder einen einzigen Superkontinent bilden.

Perm

Vor 299–251 Mio. Jahren
Zu dieser Zeit gab es auf der Erde nur einen einzigen Superkontinent namens Pangäa. Damals entwickelten sich Reptilien wie *Dimetrodon*, die Säugetieren ähnelten. Dinos gab es noch nicht.

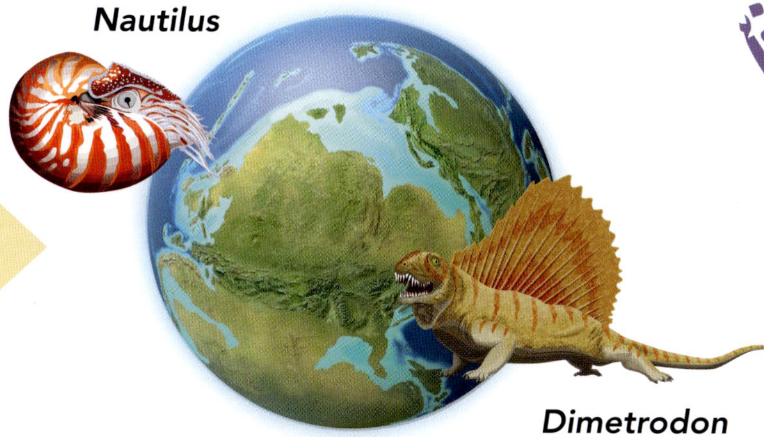

Trias

Vor 252–201 Mio. Jahren
Die ersten Dinos erschienen in der Mitte der Trias. Gegen Ende dieser Periode teilte sich Pangäa in zwei getrennte Ur-Kontinente. Dazwischen lag das Tethysmeer.

? Dino-Quiz

1. Wie heißt der Superkontinent, der im Perm die Erde bedeckte?
2. In welcher Periode erschienen die ersten Dinos?
3. In welchem Zeitabschnitt starben die Dinos aus?

Die Antworten findest du auf S. 130–131.

Jura

Vor 201–145 Mio. Jahren
Pangäa war in zwei Kontinente zerbrochen, Laurasien und Gondwana. Auf der Erde wurde es wärmer und viele neue Pflanzen und Dinosaurier entwickelten sich.

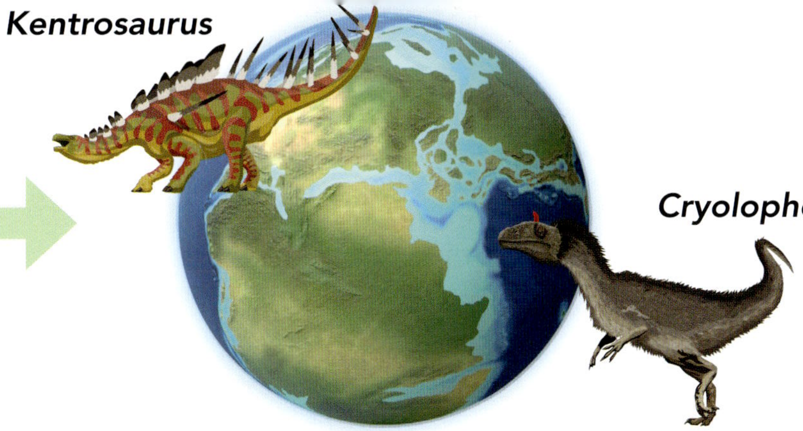

Kreide

Vor 145–66 Mio. Jahren
In dieser Periode brachen die Kontinente weiter auf und drifteten auseinander. Zu dieser Zeit lebte *Tyrannosaurus rex*. Gegen Ende der Kreide starben die Dinosaurier aus.

Heute

Heute gibt es auf der Erde sieben Kontinente. Die Dinosaurier sind schon lange ausgestorben, aber es leben noch Nachfahren von ihnen: die Vögel.

Haben sich die Dinos im Lauf der Zeit verändert?

Frühe Dinosaurier
Die ersten Fossilien von Dino-Vorfahren sind ungefähr 245 Mio. Jahre alt. Sie stammen von kleinen, flinken Reptilien, die wahrscheinlich auf zwei Beinen liefen.

Spätere Dinosaurier
Viele Dinosaurier entwickelten sich aus den früheren Arten. Einige waren riesig, viele liefen auf vier Beinen und manche trugen Hörner, Schilde und Panzer.

Wo lebten die Dinosaurier?

Dinosaurier lebten überall auf der Erde. Sie besiedelten viele verschiedene Lebensräume, zum Beispiel weite Ebenen, Regenwälder, Sümpfe, Küsten und Wüsten.

Dino-Quiz

1. Gab es in den Wüsten Dinosaurier?
2. Lebten manche Dinosaurier ständig im Wasser?
3. Blieben Dinosaurier immer in den gleichen Gebieten?

Die Antworten findest du auf S. 130–131.

Viele Dinosaurier lebten an Ufern und Küsten, aber keiner von ihnen hielt sich ständig im Wasser auf.

Zogen Dinosaurier durch das Land?

Wie viele heutige Tiere zogen auch die Dinosaurier auf der Suche nach Nahrung und Wasser umher. Versteinerte Fußspuren von riesigen Sauropoden wie *Camarasaurus* weisen darauf hin, dass sie vielleicht Hunderte Kilometer weit durch Nordamerika wanderten.

Wüste

In trockenen Wüsten lebten Dinosaurier wie *Velociraptor*. Nicht einmal Sandstürme machten ihnen etwas aus.

Wälder

In feuchten Wäldern lebten jede Menge Dinosaurier. *Cryolophosaurus* jagte andere Dinos, die sich von Pflanzen ernährten.

Sumpf

In Nordafrika gab es Sümpfe mit flachem, schlammigem Wasser. Hier lebte *Suchomimus* und fing Fische.

Ebenen

Farne und Moose bedeckten riesige Ebenen. Hier weideten Pflanzenfresser, die von Raubsauriern gejagt wurden.

Wie viele Dino-Gruppen gab es?

Dinosaurier beherrschten über 165 Millionen Jahre lang die Erde. Man teilt sie in fünf Hauptgruppen ein. Zur Zeit der Dinos lebten auch viele andere Tiere.

Baryonyx

Theropoden

Theropoden hatten spitze Zähne und Krallen. Sie liefen auf den Hinterbeinen. Zu dieser Gruppe gehörten der gewaltige *Tyrannosaurus rex* und auch alle fliegenden Dinosaurier.

Bilderrätsel

Zu welcher Gruppe gehörte dieser Dinosaurier?

Die Antwort findest du auf S. 130–131.

Styracosaurus

Marginocephalier

Diese Pflanzenfresser setzten ihre harten Schädel zur Verteidigung ein. Zu dieser Gruppe gehörten *Triceratops* und *Pachycephalosaurus*.

Sauropodomorphe

Diese Dinosaurier waren die größten Tiere, die je an Land gelebt haben. Mit ihren langen Hälsen und den gewaltigen Körpern waren sie wahre Giganten.

Ornithopoden

Ornithopoden waren Pflanzenfresser mit seltsam geformten Köpfen. Einige von ihnen hatten Schnäbel wie Enten.

Stammbaum

Anhand von Fossilien fanden Forscher heraus, wie die fünf Dino-Gruppen miteinander verwandt waren. So könnte der Stammbaum aussehen:

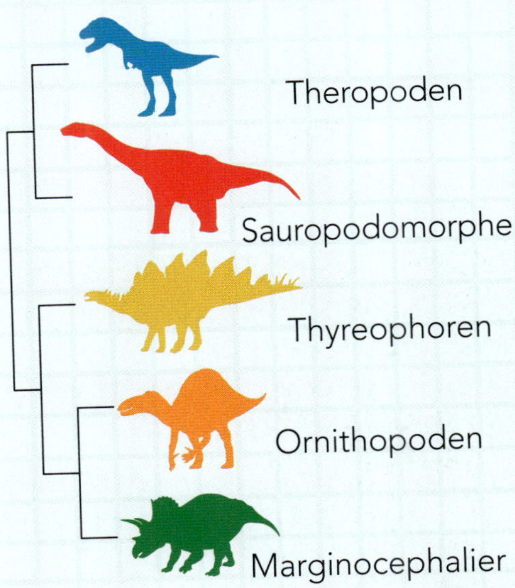

Ankylosaurus

Thyreophoren

Die Körper der Thyreophoren waren gepanzert. Viele dieser Dinos hatten stachlige Schwänze.

Lebten zur Zeit der Dinos auch Haie?

Haie wie *Hybodus* lebten zur gleichen Zeit wie die Dinosaurier. Die ersten Hai-Vorfahren schwammen sogar schon Millionen Jahre früher in den Meeren. Viele andere heutige Tiere entwickelten sich dagegen erst lange nach der Zeit der Dinosaurier.

Eudimorphodon

Tiere der Urzeit

Nur wenige Tiere, die zur Zeit der Dinos lebten, sahen aus wie heute lebende Arten. *Hybodus* war ein Verwandter der heutigen Haie und *Deinosuchus* war mit den Krokodilen und Alligatoren unserer Zeit verwandt.

Pterodactylus

Jagten Menschen Dinos?

Zur Zeit der Dinosaurier gab es noch keine Menschen. Unsere Art, *Homo sapiens*, entwickelte sich vor 300 000 Jahren in Afrika. Die Dinos waren schon 65 Mio. Jahre vorher ausgestorben.

Dimorphodon

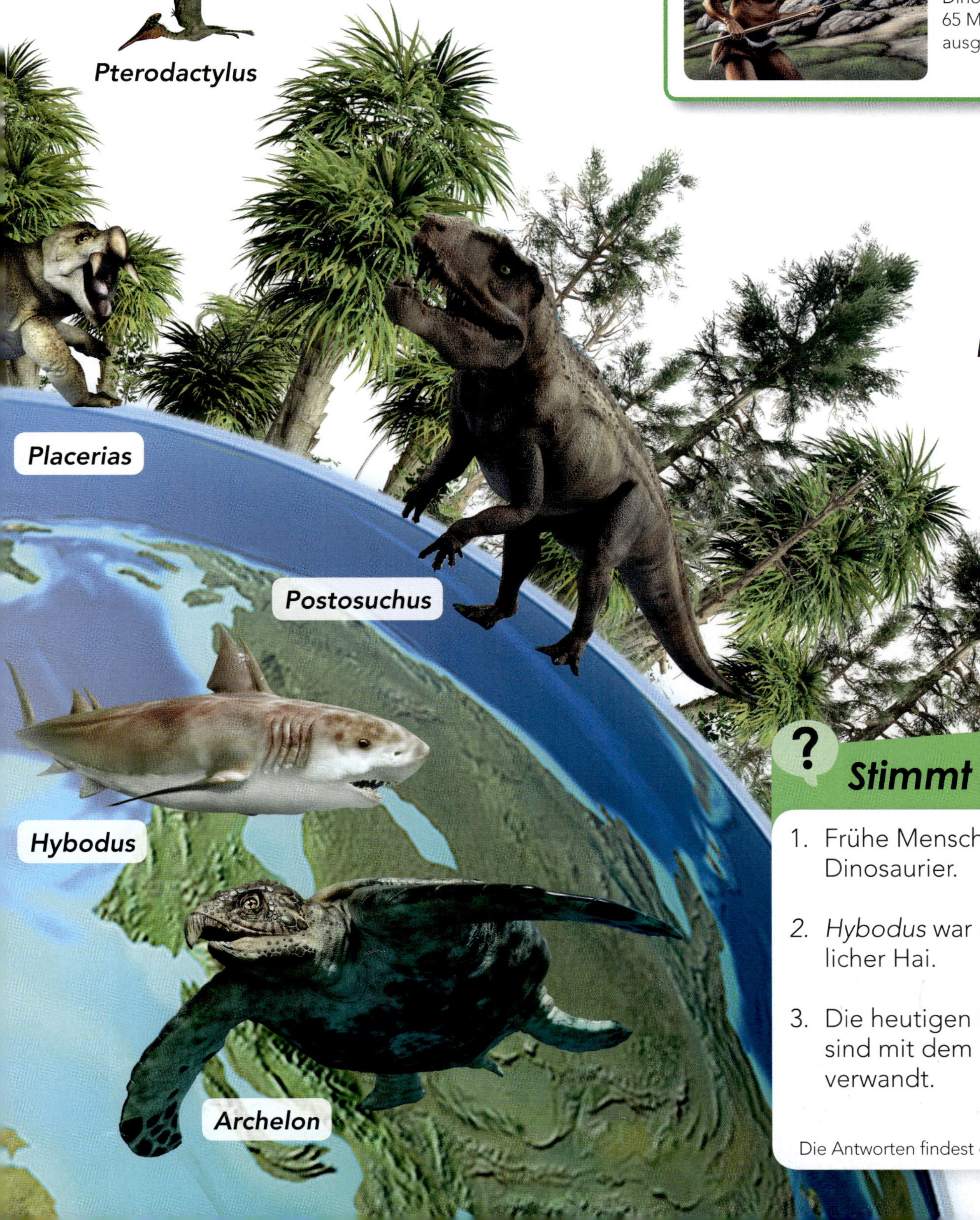

? Stimmt das?

1. Frühe Menschen jagten Dinosaurier.
2. *Hybodus* war ein urzeitlicher Hai.
3. Die heutigen Krokodile sind mit dem *Deinosuchus* verwandt.

Die Antworten findest du auf S. 130–131.

Wie hätten Menschen damals gelebt?

Stell dir eine Familie in der frühen Kreide vor. Hätte sie überleben können? Auf jeden Fall wäre es sehr schwierig gewesen! Damals war auf der Erde alles anders: die Tiere, die Pflanzen und auch das Wetter.

Welche Pflanzen der Urzeit könnten Menschen essen?

Ginkgo

Ginkgobäume tragen übel riechende Früchte, die essbar sind. Die meisten Pflanzen, die wir essen, haben sich erst in der Kreide entwickelt.

Schachtelhalme

Zur Zeit der Dinosaurier wurden die Schachtelhalme mehr als 30 m hoch. Ihre Triebe sind essbar.

Samen von Kiefern

Nadelbäume gibt es seit etwa 300 Mio. Jahren. Ihre Samen sind nahrhaft, weil sie Fette und Eiweiße enthalten.

Klima

In der frühen Kreide war es wärmer als heute. Die Luft enthielt damals weniger Sauerstoff und mehr Kohlendioxid. Deshalb hätten Menschen nicht so gut atmen können.

Dino-Quiz

1. Welche Teile einer Kiefer sind für uns essbar?
2. Wie warm war es in der Kreide?
3. Wie war die Luft in der frühen Kreide?

Die Antworten findet du auf S. 130–131.

Räuber

Dieser *Deinonychus* und andere Raubsaurier streiften durch die Welt der Kreide. Vielleicht jagten sie auch im Rudel. Für Menschen wären sie gefährlich geworden.

Intelligent!

Menschen sind sehr intelligent. Die Familie würde bald eine Hütte bauen, Werkzeuge für die Jagd herstellen und essbare Pflanzen sammeln. Dann würde sie ein Feuer machen und sich eine Mahlzeit kochen.

Wer schwamm in den Meeren?

In den Meeren der Urzeit lebten Plesiosaurier, Ichthyosaurier und Mosasaurier. Diese Tiere waren keine Dinosaurier, sondern Meeresreptilien. Sie waren Verwandte der heute lebenden Echsen, Schlangen, Meeresschildkröten und Krokodile.

Was gab es zu fressen?

Ammoniten
Diese Meerestiere waren eine Mahlzeit für alle, die ihre harten spiralförmigen Schalen knacken konnten.

Räuber
In den Tiefen der Ozeane gab es jede Menge Raubtiere. Größere Meeresreptilien jagten die kleineren.

Elasmosaurus
Der Plesiosaurier mit dem langen Hals packte mit seinen spitzen Zähnen Fische.

Ichthyosaurus
Ichthyosaurier sahen wie eine Kreuzung aus Schwertfisch und Delfin aus. Die schnellen Schwimmer jagten Kalmare und Fische.

Der gewaltige Mosasaurus war 15 m lang und 5 Tonnen schwer.

Liopleurodon

Dieser schnelle Plesiosaurier hatte scharfe Zähne, mit denen er Fische und Kalmare packte. Er verschluckte sie im Ganzen.

Mosasaurus

Mosasaurus fraß fast alles: Haie, tauchende Seevögel und sogar andere Mosasaurier.

Albertonectes

Dieses Meeresreptil hatte 75 Halswirbel. Damit war er der Plesiosaurier mit dem längsten Hals.

? Dino-Quiz

1. Welche Meerestiere der Urzeit hatten spiralförmige Gehäuse?
2. Wie schwer war *Mosasaurus*?
3. Wie viele Halswirbel hatte *Albertonectes*?

Die Antworten findest du auf S. 130–131.

Welche Pflanzen überlebten?

Vieles hat sich verändert, seit die Dinosaurier ausgestorben sind. Doch einige Pflanzen von damals wachsen noch heute auf der Erde. Auch Gräser gab es schon zur Zeit der Dinosaurier.

Magnolie

Magnolien gehörten zu den ersten Blütenpflanzen. Sie entwickelten sich in der Kreide.

Palmfarn

Diese Pflanzen wuchsen zur Zeit der Dinos fast überall auf der Erde. Heute sind sie seltener geworden.

Farn

Farne bilden jede Menge Sauerstoff, den wir zum Atmen brauchen.

Die ersten Farne gab es vor etwa 360 Mio. Jahren.

Araukarie

Obwohl diese Pflanzen stachlige Blätter haben, fraßen die langhalsigen Sauropoden sie gern.

Ginkgo

Ginkgobäume gab es schon vor 270 Mio. Jahren. Man nennt sie lebende Fossilien, weil sie sich seit der Zeit der Dinosaurier kaum verändert haben.

Welche Pflanzen gab es noch?

Glossopteris-Blatt

Diese Pflanzen mit ihren zungenförmigen Blättern starben vor etwa 200 Mio. Jahren aus.

Alethopteris-Blatt

Noch vor den Dinosauriern, etwa vor 360 bis 300 Mio. Jahren, wuchs diese Pflanze auf der Erde.

Moos

Wie heute bedeckten damals Moose den Boden und Baumstämme in Wäldern und Sümpfen.

Dino-Quiz

1. Welche Besonderheit kennzeichnet die Araukarien?
2. Wann entwickelten sich die ersten Farne?
3. Wie nennt man Ginkgobäume auch?

Die Antworten findest du auf S. 130–131.

Körper & Aussehen

Es gab Dinos mit Schuppen, Federn, Krallen, Hörnern und Nackenschild. Einige liefen auf zwei Beinen, andere waren auf allen vieren unterwegs. Manche zermalmten mit ihren flachen Zähnen zähe Pflanzenteile, während andere mit messerscharfen Zähnen Fleisch zerrissen und zerkauten.

Diplodocus

Vom Kopf bis zur Schwanzspitze war *Diplodocus* so lang wie zwei Schulbusse.

Lange Hälse

Die größten Pflanzenfresser unter den Dinos hatten enorm lange Hälse, sodass sie Blätter an hohen Bäumen erreichen konnten.

Wie sahen die Dinosaurier aus?

Es gab viele unterschiedliche Dinosaurier, darunter die Sauropoden mit langen Hälsen, Tyrannosaurier mit scharfen Zähnen und viele mehr. Einige waren größer als Busse, andere so klein wie Vögel.

Pentaceratops

Hörner und Schilde

Lange Hörner dienten zur Verteidigung.

Ankylosaurus

Schwanzkeule

Panzer und Keulen

Einige Dinos besaßen Panzer und Knochenkeulen an den Schwänzen. Wahrscheinlich schlugen sie damit Feinde in die Flucht.

Sahen Männchen und Weibchen unterschiedlich aus?

Weibchen

Es gibt neue Hinweise darauf, dass *Stegosaurus*-Männchen und -Weibchen verschiedene Rückenplatten trugen. Vielleicht waren sie bei den Weibchen dünner.

Männchen

Manche Wissenschaftler glauben, dass *Stegosaurus*-Männchen größere und rundere Platten besaßen als die Weibchen. Vielleicht lockten sie damit auch Partnerinnen an.

Platten und Stacheln

Viele Dinosaurier verteidigten sich mit Knochenplatten und Stacheln gegen Raubsaurier.

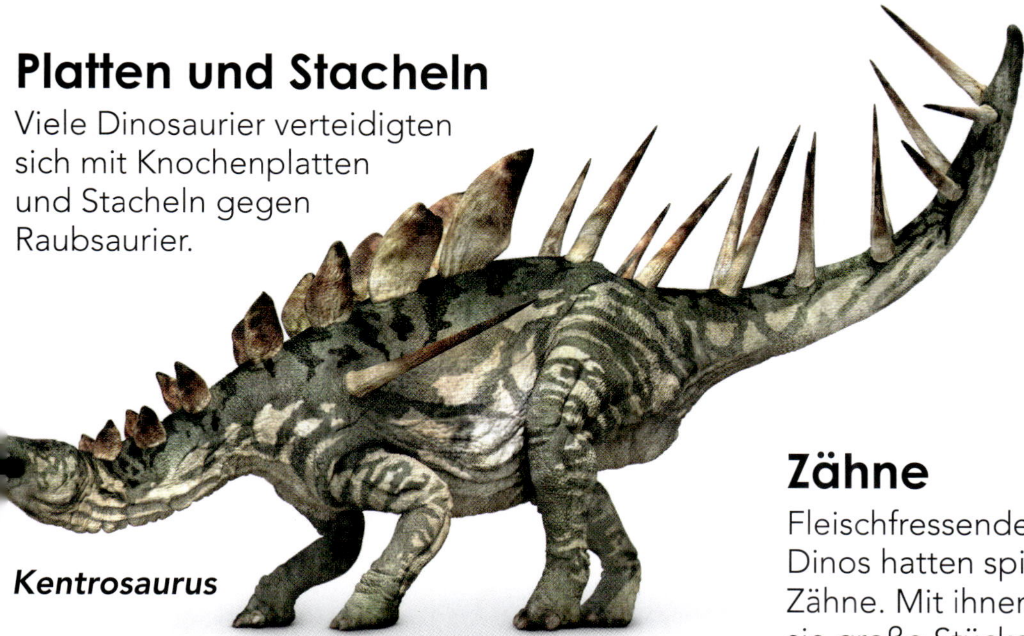

Kentrosaurus

Zähne

Fleischfressende Dinos hatten spitze Zähne. Mit ihnen rissen sie große Stücke aus ihrer Beute.

Allosaurus

Alxasaurus

Krallen

Mit ihren Krallen gruben die Dinos Insekten aus, packten Beute oder verteidigten sich gegen Angreifer.

? Dino-Quiz

1. Wie lang war *Diplodocus*?
2. Wozu benutzten die Dinosaurier ihre Krallen?
3. Wer hatte größere Platten: *Stegosaurus*-Männchen oder -Weibchen?

Die Antworten findest du auf S. 130–131.

Gab es Dinos mit Federn?

Ja, viele Dinosaurier aus der Gruppe der Theropoden trugen ein Federkleid, zum Beispiel *Tyrannosaurus rex* und *Velociraptor*. Obwohl sie Federn hatten wie die heutigen Vögel, konnten die meisten von ihnen wohl nicht fliegen.

Der Beweis
An diesem Bereich der Versteinerung erkennt man, dass Federn am Flügel saßen.

Archäopteryx-Fossil

1860 fand man in Deutschland das Fossil eines Urzeittiers, das Federn trug. Die Forscher nannten es *Archäopteryx*. Das vogelähnliche Tier lebte vor etwa 150 Mio. Jahren auf der Erde.

Archäopteryx hatte ein flaches Brustbein. Das bedeutet, dass er wohl keine kräftigen Flugmuskeln hatte und kein guter Flieger war.

Welche Federtypen gibt es?

Borstenähnlich

Bei vielen Vögeln wachsen vor allem an Hals und Kopf dünne, borstenartige Federn.

Flauschig

Flauschige Federn halten Kälte und Hitze ab. Beim Afrikanischen Strauß bedecken sie den ganzen Körper.

Glatt

Die meisten Vögel haben Flugfedern wie dieser Uhu. An der glatten Oberfläche strömt beim Fliegen die Luft vorbei.

Flügelkrallen

Frühe Dinos mit Federn trugen scharfe Krallen an den Flügeln.

Kurze Flügel

Dinos mit Federn hatten kürzere Flügel als die Flugsaurier, die damals ebenfalls durch die Lüfte flogen.

Schwanz

Der lange Schwanz hatte viele Wirbel und war mit Federn besetzt.

Krallen

Mit seinen Krallen konnte *Archäopteryx* kleine Tiere wie Eidechsen und Insekten packen.

? Dino-Quiz

1. Wann lebte *Archäopteryx* auf der Erde?
2. Warum haben manche Vögel flauschige Federn?

Die Antworten findest du auf S. 130–131.

Wie groß waren die Dinosaurier?

Dinosaurier gab es in vielen verschiedenen Größen. Die größten würden unsere heutigen Giraffen und Elefanten weit überragen. Die kleinsten waren kleiner als ein gewöhnliches Huhn.

? **Stimmt das?**

1. Die kleinsten Dinos waren so groß wie Menschen.
2. *Triceratops* wog mehr als ein Elefant.
3. Die größten Dinosaurier waren Pflanzenfresser.

Die Antworten findest du auf S. 130–131.

Velociraptor

Länge: 2 m
Höhe: 0,9 m
Anders als im Film „Jurassic World" war der *Velociraptor* kleiner als ein Mensch.

Gallimimus

Länge: 6 m
Hüfthöhe: 2 m
Dieser Dinosaurier war mit seinem langen Hals mehr als doppelt so hoch wie ein erwachsener Mensch.

Triceratops

Länge: 9 m
Höhe: 3 m
Triceratops war größer als ein Auto und wog bis zu 12 Tonnen, mehr als doppelt so viel wie ein Elefant.

Welcher Dinosaurier war am schwersten?

Argentinosaurus

Argentinosaurus, der 60 bis 90 Tonnen wog, war wahrscheinlich der schwerste Dino, dessen Fossilien man bisher gefunden hat. Die Versteinerungen des Pflanzenfressers wurden in Argentinien (Südamerika) entdeckt.

Allosaurus

Länge: 9 m
Höhe: 4 m
Bevor T. Rex auftauchte, war dieser Jäger der furchterregendste Dinosaurier.

Dreadnoughtus

Länge: 30 m
Schulterhöhe: 6 m
Dieser Riese war einer der längsten Dinos. Er lebte vor 77 Mio. Jahren dort, wo heute das südamerikanische Patagonien liegt.

Der Name Dreadnoughtus bedeutet: „der Furchtlose“.

Hatte jeder Dino ein Herz?

Dino-Quiz

1. Wie viele Kammern hatte das Herz von T. Rex?
2. Welche heutigen Tiere haben ein ähnliches Atemsystem wie die Dinos?
3. Welche Körpertemperatur hatte *Camarasaurus*?

Die Antworten findest du auf S. 130–131.

Ja, in jedem Dino schlug ein Herz. Um zum Beispiel einen gigantischen Räuber wie T. Rex mit Blut zu versorgen, musste das Herz gewaltig sein. Wissenschaftler nehmen an, dass sein Herz vier Kammern hatte wie das der Vögel und Säugetiere.

Riesiges Herz

Das Herz eines *Tyrannosaurus* war ungefähr 100-mal so schwer wie das eines Menschen. Für so ein riesiges Tier war das Herz ziemlich klein, aber mit seinen vier Kammern leistete es wohl erstaunliche Arbeit.

Das Herz eines Afrikanischen Elefanten ist runder und viel größer als das eines Menschen. Es wiegt etwa 20 kg.

Krokodile sind die einzigen heute lebenden Reptilien, deren Herzen vier Kammern haben.

Das menschliche Herz ist ungefähr faustgroß und wiegt etwa 300 g.

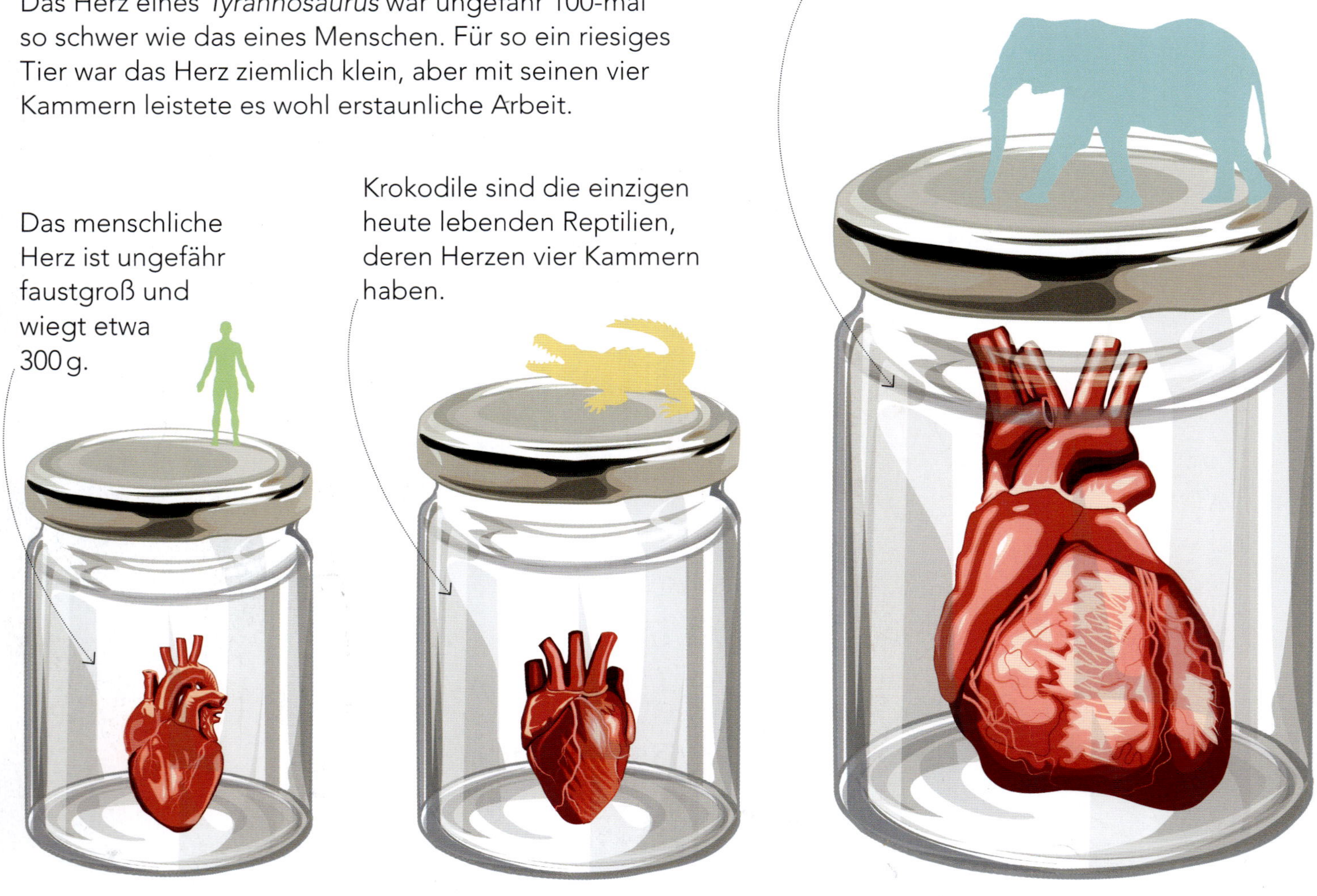

Herz eines Menschen

Herz eines Krokodils

Herz eines Elefanten

Atmung

Tiere atmen, um den Körper mit Sauerstoff zu versorgen. Ein Dinosaurier hatte ein Atemsystem wie ein Vogel. Bei Vögeln nehmen die Lungen beim Ein- und Ausatmen Sauerstoff aus der Luft auf, weil die Luftsäcke mit den Lungen in Verbindung stehen. Säugetiere nehmen dagegen nur beim Einatmen Sauerstoff auf.

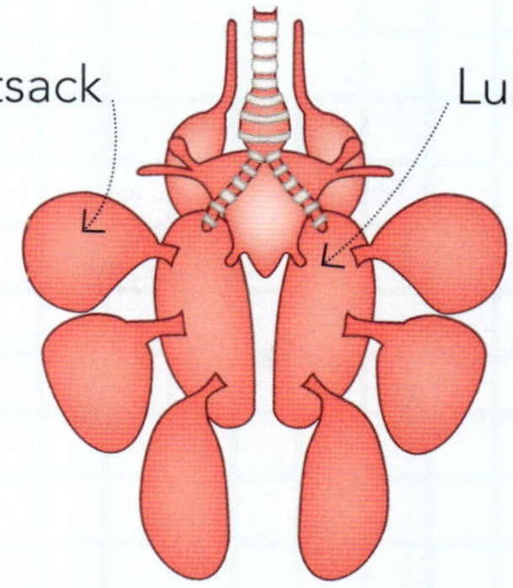

Atemsystem bei Vögeln

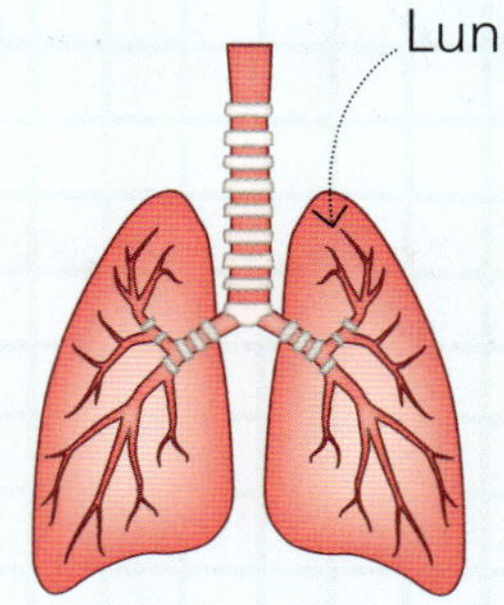

Atemsystem bei Säugetieren

Das Herz von T. Rex wog etwa 30 kg.

Herz eines *Tyrannosaurus*

Waren Dinosaurier gleichwarm?

Camarasaurus

Wissenschaftler sind sich noch immer nicht sicher, ob Dinos gleichwarme oder wechselwarme Tiere waren. *Camarasaurus* war wahrscheinlich gleichwarm. Forscher untersuchten seine Zähne und konnten berechnen, dass seine Körpertemperatur etwa 35,7 °C betrug.

Velociraptor

Der Theropode zog auf der Jagd umher. Das weist darauf hin, dass er gleichwarm war. Vielleicht regulierte er auch mit seinen Federn die Körpertemperatur.

Wie viele Knochen hatten die Dinosaurier?

Es ist schwierig die Knochen einer bestimmten Dinosaurier-Art zu zählen, weil Dino-Skelette meist unvollständig sind. Das vollständigste Skelett von T. Rex, das man gefunden hat, bestand aus etwa 250 Knochen. Vermutlich hatte ein lebender T. Rex aber 380 Knochen.

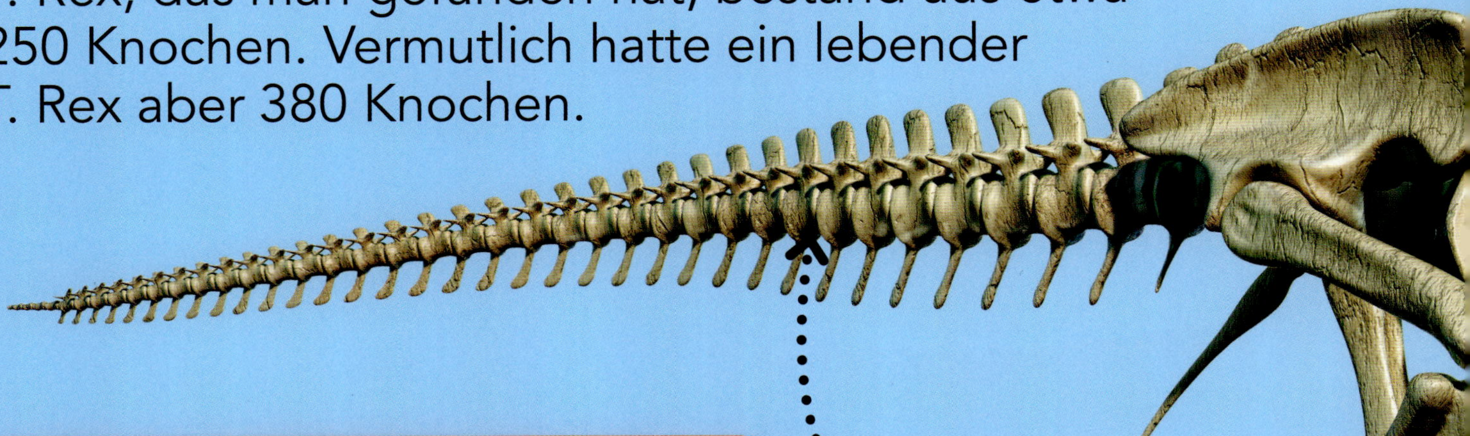

Schwanz

Der lange Schwanz des T. Rex bestand aus vielen Wirbeln. Mit ihm hielt er das Gleichgewicht.

Gelenke

An den Gelenken stoßen mehrere Knochen aneinander. Bei den Dinosauriern überzog eine schützende Knorpelschicht die Gelenke, genau wie bei uns.

Welche Form hatte das Becken?

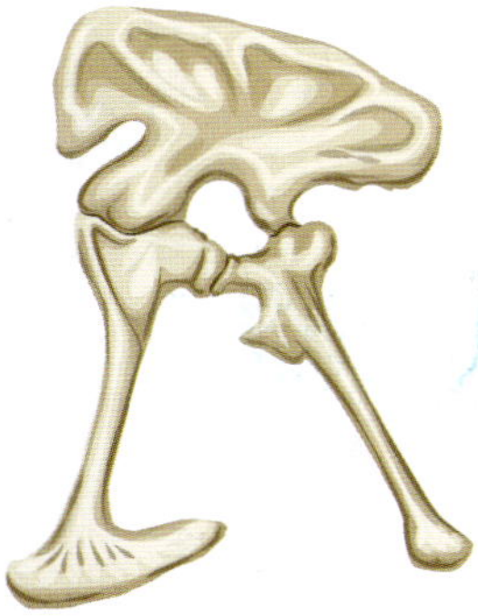

Echsenbecken

Einige Dinos hatten ähnliche Becken wie Echsen. Sie gehörten zur Gruppe der Saurischier oder Echsenbeckensaurier.

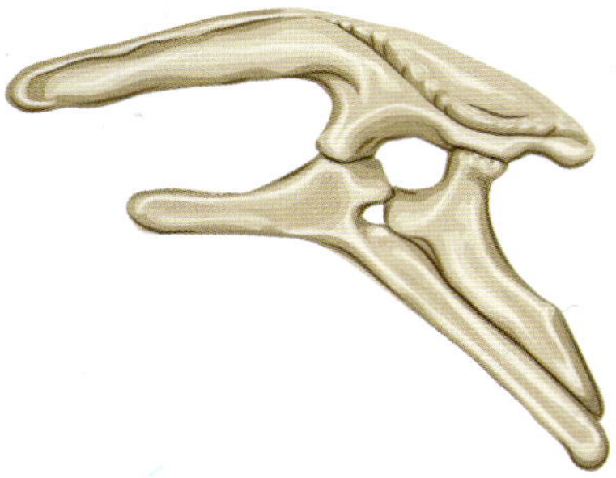

Vogelbecken

Bei anderen war das Becken wie bei den Vögeln geformt. Diese Gruppe nennt man Ornithischier oder Vogelbeckensaurier.

Das vollständigste Skelett eines T. Rex, das man gefunden hat, heißt Sue.

Wie konnten die schweren Sauropoden stehen?

Sauropoden waren extrem schwer. Ihre Beine waren dick wie Baumstämme und sehr muskulös. Die langen Schwänze boten ein Gegengewicht zum massigen Körper und die Knochen waren überraschend leicht.

Spinophorosaurus

Schädel

Am Schädel kann man erkennen, was ein Tier fraß. Fleischfresser hatten spitze Zähne, Pflanzenfresser flache Zähne.

Bauchrippen

Einige Dinosaurier besaßen unterhalb des Brustkorbs Knochen, die man Bauchrippen nennt. Vielleicht waren sie bei der Atmung hilfreich.

? Dino-Quiz

1. Wo lagen die Bauchrippen der Dinosaurier?
2. Hatten alle Dinos spitze Zähne?
3. Welche Beckenformen gab es bei den Dinosauriern?

Die Antworten findest du auf S. 130–131.

Welcher Dino war am längsten?

Die längsten bekannten Dinos waren die Titanosaurier, die zu den Sauropoden gehörten. Sie hatten lange Schwänze und Hälse. Säulenförmige Beine trugen den Körper. Am längsten von allen war *Patagotitan*.

Die höchsten Dinosaurier

Sauroposeidon war der höchste Dinosaurier. Er war höher als eine Giraffe und gehörte zu den Sauropoden. Titanosaurier waren länger, aber sie hielten ihre Hälse niedriger.

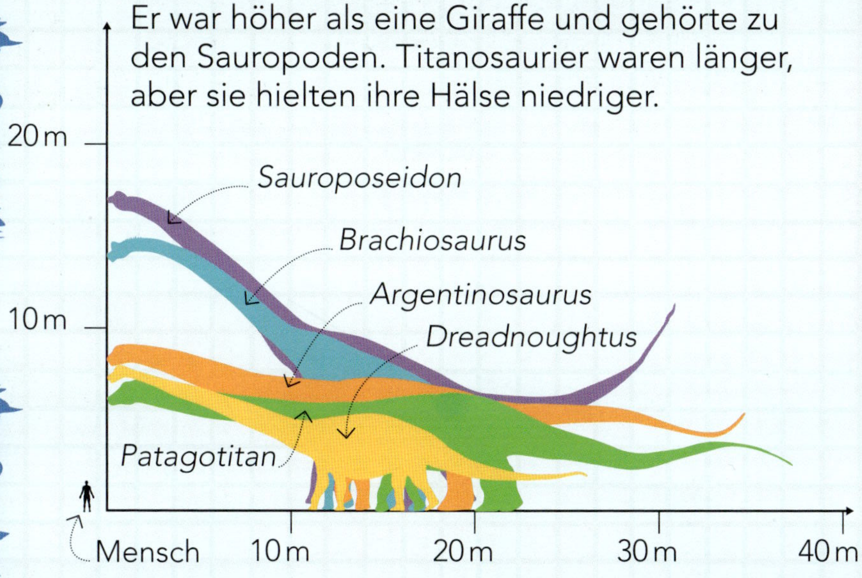

Ein langer Hals

Patagotitan hielt seinen Hals fast waagerecht. Er konnte an einer Stelle stehen und seinen Kopf hin und her schwenken, um niedrige Pflanzen abzuweiden.

Längenrekord

Das Tier maß vom Kopf bis zum Schwanz 37 m. Damit ist *Patagotitan* der längste bekannte Dino. An der höchsten Stelle war er 7 m hoch.

Patagotitan war länger als ein Blauwal, sein Körper war aber leichter.

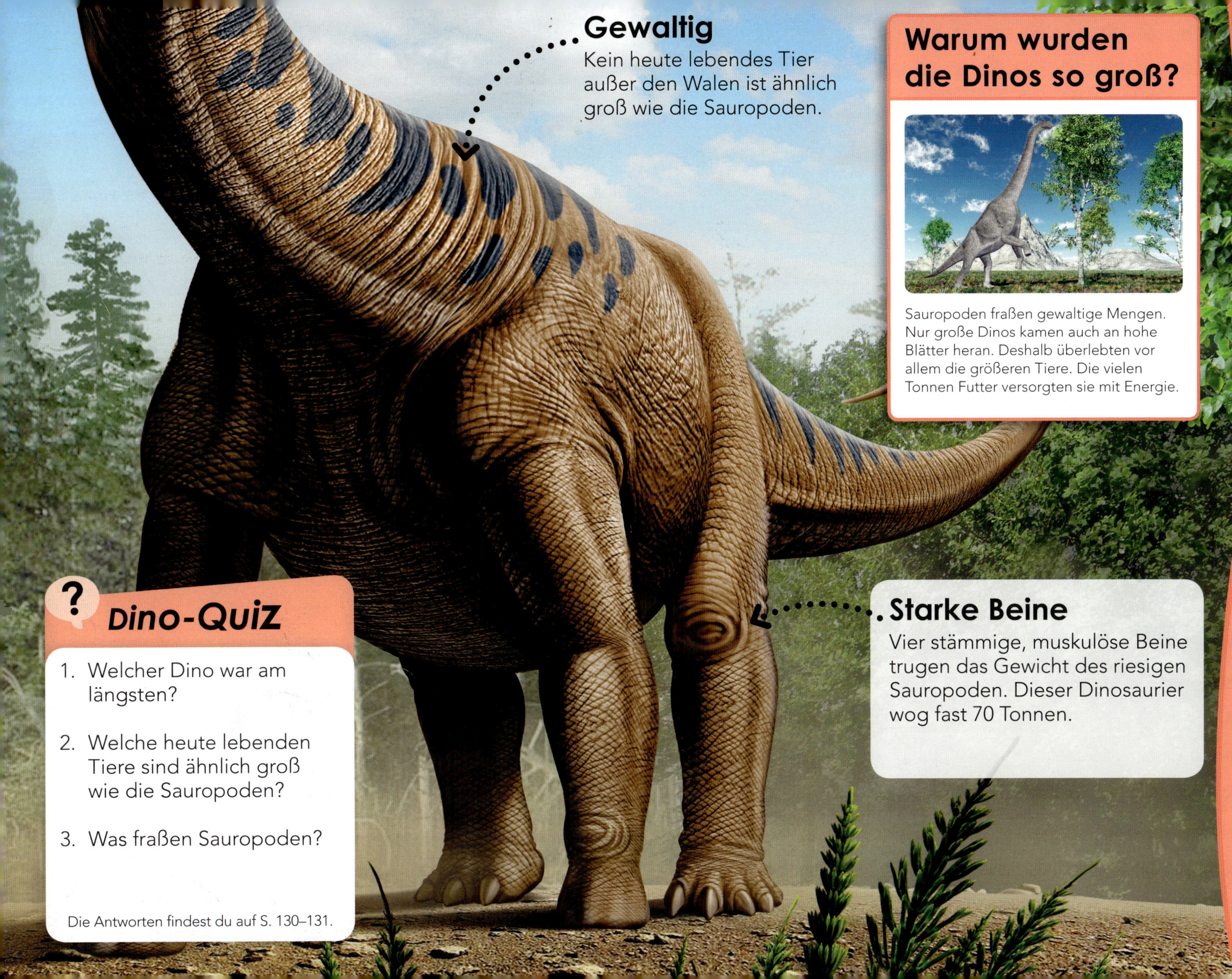

Gewaltig

Kein heute lebendes Tier außer den Walen ist ähnlich groß wie die Sauropoden.

Warum wurden die Dinos so groß?

Sauropoden fraßen gewaltige Mengen. Nur große Dinos kamen auch an hohe Blätter heran. Deshalb überlebten vor allem die größeren Tiere. Die vielen Tonnen Futter versorgten sie mit Energie.

Starke Beine

Vier stämmige, muskulöse Beine trugen das Gewicht des riesigen Sauropoden. Dieser Dinosaurier wog fast 70 Tonnen.

? Dino-Quiz

1. Welcher Dino war am längsten?
2. Welche heute lebenden Tiere sind ähnlich groß wie die Sauropoden?
3. Was fraßen Sauropoden?

Die Antworten findest du auf S. 130–131.

Welche Dinos waren am schnellsten?

Die Ornithomimiden nennt man auch Vogel-Nachahmer. Wie die heute lebenden Strauße hatten sie lange Hälse, trugen Federn und waren gute Läufer. Sie gehörten zu den schnellsten Dinos.

Struthiomimus

Dieser schnelle Ornithomimide lebte vor etwa 75 Mio. Jahren. Wahrscheinlich fraß er Pflanzen, Insekten und kleine Tiere.

Scharfe Krallen

Die Krallen an den Beinen der Ornithomimiden sorgten wahrscheinlich für guten Halt auf dem Boden. Mit den Krallen an den Armen fingen die Tiere Beute.

Sind Menschen schneller als Dinos?

Menschen sind gute Langstreckenläufer, aber beim Sprint hätten wir keine Chance gegen die meisten Dinos. Man weiß aber nicht, ob ein Mensch es geschafft hätte, einem *Tyrannosaurus* davonzulaufen.

Bilderrätsel

An welches heute lebende Tier erinnern die Ornithomimiden?

Die Antwort findest du auf S. 130–131.

Schwanz

Mit ihren langen, gefiederten Schwänzen hielten die Ornithomimiden beim Rennen das Gleichgewicht.

Kräftige Beine

Mit ihren kräftigen Beinen konnten Ornithomimiden auf bis zu 80 km/h beschleunigen.

? Dino-Quiz

1. Wozu nutzte *Ankylosaurus* seine Stacheln?
2. Hatten die Ankylosaurier gepanzerte Augenlider?
3. Was trug *Ankylosaurus* am Schwanz?

Die Antworten findest du auf S. 130–131.

Wie waren Dinos gepanzert?

Bei einigen Dinosauriern wie den Ankylosauriern bedeckten Knochenplatten den Körper. Sie hatten auch Stacheln und Schwanzkeulen, die sie als Waffen einsetzten.

Schwanzkeule

Die Keule war eine mächtige Waffe, mit der das Tier angreifen und sich verteidigen konnte. Sie war so schwer, dass *Ankylosaurus* mit ihr Feinde töten konnte.

Knochenplatten

Der Rücken von *Ankylosaurus* war mit Reihen aus ovalen Knochenplatten und großen Stacheln aus Horn bedeckt.

Knochen knacken

Dinos wie T. Rex hatten dicke, schwere Schädel und scharfe Zähne mit Sägerändern für Angriff und Verteidigung.

Kopfschutz

Der Kopf von *Ankylosaurus* ähnelte einem festen Helm. Er war mit Knochenplatten bedeckt, die ineinandergriffen.

Wie waren die Ankylosaurier geschützt?

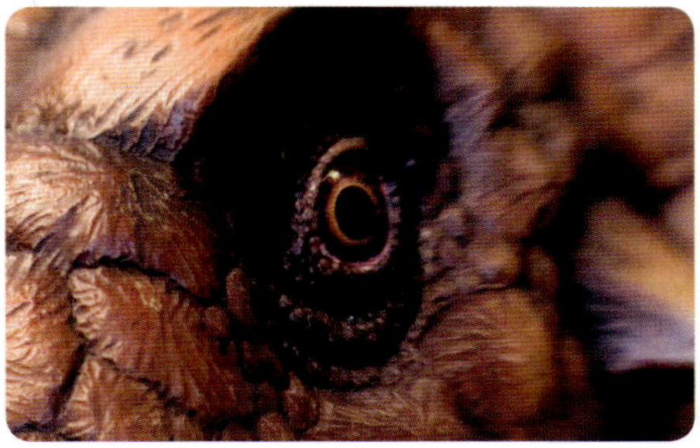

Augenlider

Ankylosaurier waren mit Knochenplatten bedeckt. Sogar auf den Augenlidern befanden sich Platten zum Schutz der Augen.

Schulterstacheln

Große Stacheln an den Schultern dienten als Waffen. Mit ihnen verteidigten sich die Dinosaurier gegen Angreifer.

Wozu dienten die Hörner?

Triceratops lockte mit seinen drei mächtigen Hörnern Weibchen an. Vermutlich klappte das umso besser, je größer die Hörner waren. Mit den Hörnern konnte sich der Dino auch gegen Feinde wehren.

Keratin

Die Hörner bestanden aus Knochen und waren mit Keratin überzogen. Auch in unseren Nägeln und Haaren steckt Keratin.

Im Kampf

Vielleicht kämpften *Triceratops*-Männchen mit ihren Hörnern gegeneinander.

? Dino-Quiz

1. Wo kommt Keratin vor?
2. Wie lang wurde der Nackenschild eines *Triceratops*?
3. Welche Tiere kämpfen heute mit Hörnern?

Die Antworten findest du auf S. 130–131.

Welche heutigen Tiere kämpfen mit Hörnern?

Impalas

Impalas leben in den Savannen Afrikas. Die kleinen Antilopen verteidigen sich mit ihren Hörnern gegen Feinde wie Hyänen und Geparde. Sie kämpfen damit aber auch untereinander.

Hirsche

Männliche Hirsche kämpfen mit ihren Geweihen gegen andere Männchen, vor allem zur Fortpflanzungszeit. Dabei verhaken sich die Geweihe oft ineinander.

Nackenschild

Kratzer auf versteinerten Nackenschilden stammen wahrscheinlich von den Hörnern anderer *Triceratopse*.

Wachstum

Bei jungen *Triceratopsen* waren die Nackenschilde etwa 38 cm lang. Die Schilde von erwachsenen Tieren erreichten eine Länge von ungefähr 2 m.

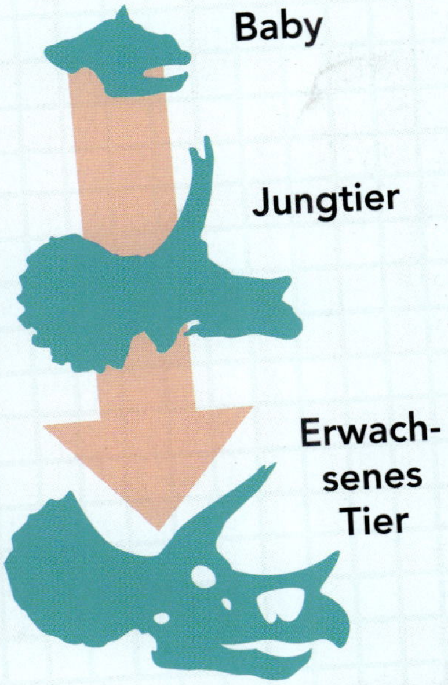

Wie groß waren die kleinsten Dinos?

Der kleinste Dinosaurier hätte auf deiner Hand sitzen können. Er war ungefähr so groß wie ein Spatz. Dieser Dromaeosaurier war mit dem *Velociraptor* verwandt.

Dino-Fußspuren

2018 entdeckten Wissenschaftler etwa 110 Mio. Jahre alte Spuren an einem Felsen in Südkorea. Sie waren nur 1 cm lang und somit die kleinsten Dinosaurier-Fußspuren, die man je gefunden hat. Das Tier hat noch keinen Namen, aber die Spuren nennt man *Dromaeosauriformipes rarus*.

? Dino-Quiz

1. Wann fand man das Fossil von *Anchiornis huxleyi*?
2. Welcher Dinosaurier war so groß wie eine Taube?
3. Wie lang waren die kleinsten Dino-Fußspuren, die man bisher gefunden hat?

Die Antworten findest du auf S. 130–131.

Welche Versteinerungen von kleinen Dinos hat man gefunden?

2009 fanden Wissenschaftler das Fossil von *Anchiornis huxleyi*, der nur so groß war wie ein Huhn. Dieser Dino lebte ungefähr vor 160 bis 150 Mio. Jahren. Wahrscheinlich segelte er mit den Federn wie mit einem Gleitschirm von Ast zu Ast.

Einige Microraptoren hatten vier Flügel: ein Paar an den Armen und das andere an den Beinen.

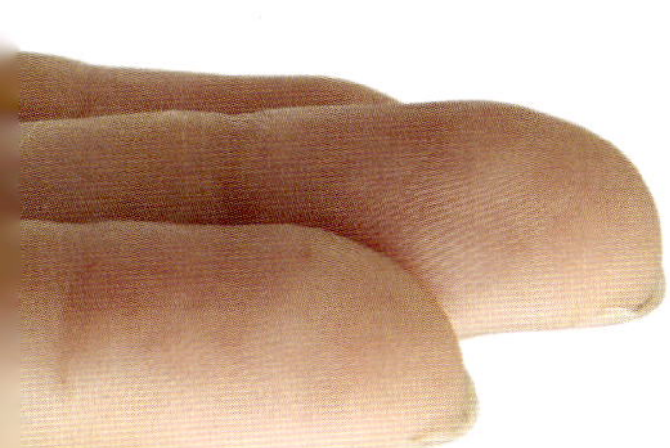

Andere kleine Dinos

Im Mesozoikum lebten viele kleine Dinosaurier auf der Erde. Die meisten waren mit Federn bedeckt wie der taubengroße *Epidexipteryx*. Sie sahen wahrscheinlich ähnlich aus wie die Vögel heute.

Was fraßen Dinosaurier?

Viele Dinosaurier waren Pflanzenfresser. Andere ernährten sich nur von Fleisch, auch von den Überresten toter Dinos. Außerdem gab es Allesfresser, die Fleisch, Aas und Pflanzen verspeisten.

Forscher untersuchen versteinerten Dino-Kot, um herauszufinden, was die Tiere fraßen.

Fleischfresser

Spitze Zähne und scharfe Krallen waren typisch für Fleischfresser. Mit ihnen konnten *Spinosaurus*, *Velociraptor* und andere Dinos ihre Beute fangen und töten.

Pflanzenfresser

Pflanzenfresser wie die Sauropoden mussten ihre riesigen Körper mit viel Energie versorgen. Sie fraßen deshalb jede Menge.

Wie verdauten die Dinos ihre Nahrung?

Pflanzenfresser haben vielleicht glatte Steine verschluckt, um ihre Nahrung besser verdauen zu können. Wahrscheinlich zerrieben die Steine die gefressenen Pflanzen im Magen.

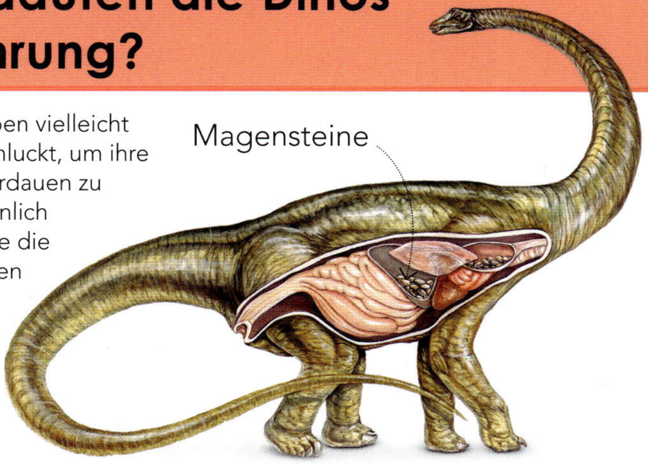

? Dino-Quiz

1. Wie nennt man Dinos, die Tiere, Pflanzen und Aas fraßen?
2. Was fraßen die Sauropoden?
3. Welche Dinos hatten spitze Zähne?

Die Antworten findest du auf S.130–131.

Argentinosaurus

Therizinosaurus

Allesfresser

Allesfresser fraßen, was sie finden konnten. An einem Tag waren das vielleicht Blätter und am nächsten Insekten und Eidechsen.

Schädelknochen

Der Name *Pachycephalosaurus* bedeutet „Dickkopf-Echse". Das Schädeldach war 25 cm dick und somit 40-mal dicker als das eines Menschenkopfs. Vielleicht rammten die Dinos im Kampf die Köpfe gegeneinander.

Vielseitige Zähne

Pachycephalosaurus fraß vermutlich vor allem Pflanzen und zerkaute sie mit seinen blattförmigen Zähnen. Er besaß aber auch spitze Zähne wie ein Fleischfresser.

Warum hatte Pachycephalosaurus einen so dicken Kopf?

Wissenschaftler rätseln schon lange darüber, warum der *Pachycephalosaurus* so dicke Schädelknochen hatte. Einige glauben, dass Rivalen ihre Köpfe gegeneinander rammten. Andere meinen, dass Partner die dicken Schädel anziehend fanden.

Stacheln am Kopf

Knochenstacheln umgaben das Schädeldach. Wahrscheinlich war der Dinosaurier so für Partner besonders attraktiv.

Schuppige Haut

Der Körper war vermutlich mit schuppiger Haut bedeckt, die vor Insektenstichen und Dornen schützte.

Schnabel

Das Gesicht mit dem Schabel ähnelte dem eines Vogels. Der Dino konnte mit dem Schnabel Pflanzen abrupfen.

Welche anderen Dinos hatten Dickköpfe?

Acrotholus

Dieser Dinosaurier war viel kleiner als *Pachycephalosaurus*. Sein Schädeldach war etwa 3 cm dick.

Stygimoloch

Manche Wissenschaftler glauben, dass *Stygimoloch* ein junger *Pachycephalosaurus* sein könnte.

? Dino-Quiz

1. Wie dick war das Schädeldach von *Pachycephalosaurus*?
2. Wozu dienten die Stacheln auf seinem Kopf?
3. Was fraß ein *Pachycephalosaurus*?

Die Antworten findest du auf S. 130–131.

Kurze, starke Arme

Die Arme von T. Rex waren kurz, aber kräftig. Forscher schätzen, dass er damit ungefähr 200 kg Gewicht heben konnte.

Warum hatte Tyrannosaurus so kurze Arme?

Die Forscher sind nicht sicher, wozu T. Rex seine winzigen Arme benutzte. Vielleicht fing der gewaltige Dino mit ihnen seine Beute. Möglicherweise stützte er sich auch mit den Armen ab, wenn er aus dem Liegen aufstand.

Scharfe Krallen

Die beiden Krallen an jedem Arm konnten über 15 cm lang werden.

Riesiger Körper

T. Rex war mehr als 12 m lang und wahrscheinlich so schwer wie ein kleiner Lastwagen.

Große Füße

T. Rex lief auf zwei Füßen, die riesigen Vogelfüßen ähnelten. Jeder Fuß trug drei große Zehen mit scharfen Krallen.

Hatten alle Tyrannosaurier kurze Arme?

Guanlong wucaii

Dieser Tyrannosaurier lebte vor 160 Mio. Jahren. Er hatte längere Arme als T. Rex und fing mit ihnen vielleicht Beute. Mit nur 1,1 m Höhe war er viel kleiner als T. Rex.

Moros intrepidus

Vor 96 Mio. Jahren lebte dieser Tyrannosaurier. Er war so groß wie ein Hirsch, aber man weiß nicht genau, wie lang seine Arme waren.

? Dino-Quiz

1. Welches Gewicht konnte ein *Tyrannosaurus* mit den Armen heben?
   a) 200 kg
   b) 400 kg
   c) 600 kg

2. Fraß ein T. Rex Fleisch oder Pflanzen?

Die Antworten findest du auf S. 130–131.

Wie groß waren die Zähne von T. Rex?

Kein Tier konnte so furchterregend grinsen wie *Tyrannosaurus rex*. In seinem Maul saßen etwa 60 dolchförmige Zähne, die 23 bis 31 cm lang waren.

Größenvergleich

Ein einziger Zahn von T. Rex war ungefähr so groß wie ein ganzer *Velociraptor*-Schädel und fast doppelt so lang wie eine Banane.

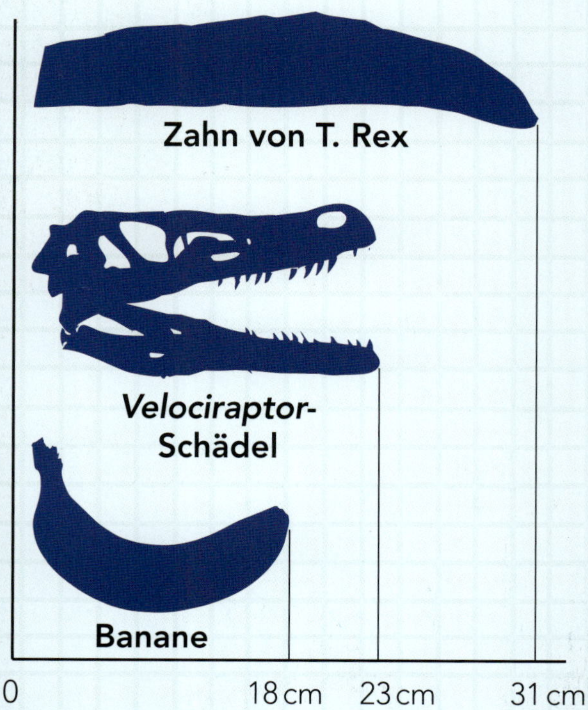

Gesägte Zähne

Jeder Zahn hatte gesägte Ränder, mit denen T. Rex Haut aufreißen und Fleisch von den Knochen seiner Beute schaben konnte.

Riesiger Kiefer

T. Rex konnte mit seinem gewaltigen Kiefer Knochen knacken.

Leichter Schädel

Löcher zwischen den Knochen machten den Schädel leichter.

Einige Forscher glauben, dass kein anderes Tier so fest zubeißen konnte wie T. Rex.

War T. Rex ein Räuber oder ein Aasfresser?

Die Wissenschaftler sind sich nicht einig, ob *Tyrannosaurus* ein Jäger war, der seiner Beute auflauerte, oder ein Aasfresser. Möglicherweise trifft beides zu: Er ging auf die Jagd und fraß auch Überreste anderer Tiere.

? Dino-Quiz

1. Wie viele Zähne hatte T. Rex ungefähr?
2. Welcher Dino hatte einen Schädel, der so groß war wie ein Zahn von T. Rex?
3. Machten die Löcher den Schädel von T. Rex schwerer?

Die Antworten findest du auf S. 130–131.

Hatten alle Dinos Schwänze?

Ja, alle Dinosaurier hatten Schwänze. Einige trugen Keulen oder Stacheln am Schwanz, die sie als Waffen nutzten. Andere hielten mit dem Schwanz das Gleichgewicht oder konnten mit seiner Hilfe schneller laufen.

Gewaltige Sauropoden wie Diplodocus und Supersaurus hatten die längsten Schwänze.

Lang und dünn

Einige Dinosaurier mit sehr langen Hälsen hatten ebenso lange Schwänze, zum Beispiel *Diplodocus*.

Schwanzkeule

Wenn *Euoplocephalus* seine Schwanzkeule schwang, konnte er einem Feind die Knochen brechen. Sein Körper war mit Stacheln besetzt.

Diese Keule konnte Knochen brechen.

Stachelschwanz

Der Schwanz des *Stegosaurus* war mit Stacheln besetzt. Einige waren über 1 m lang. Das schreckte Feinde ab.

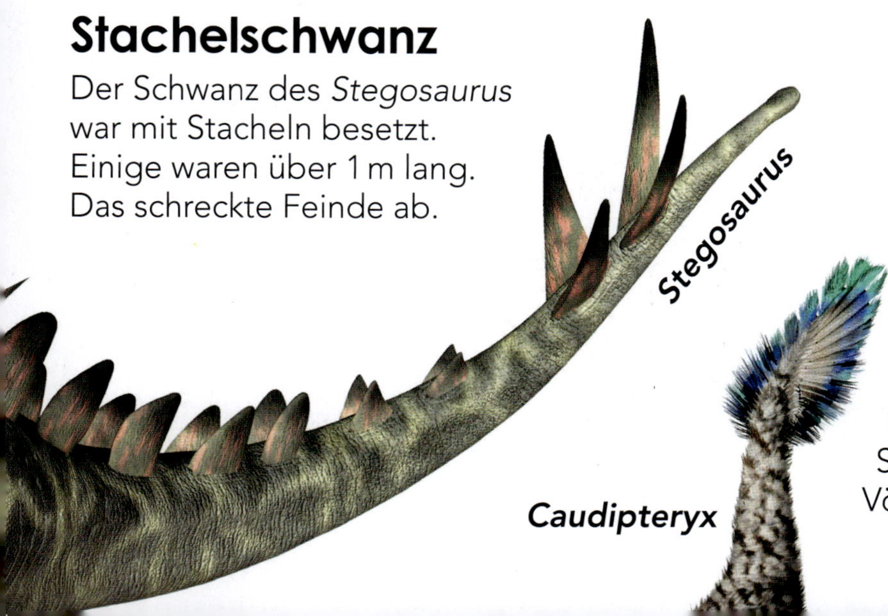

Federn

Viele kleine Theropoden wie *Caudipteryx* trugen Federn am Schwanz. Vielleicht haben sich daraus die Schwanzfedern der heutigen Vögel entwickelt.

Fossilien von Schwänzen

2016 verkündeten Wissenschaftler die Entdeckung eines Dinosaurier-Schwanzes mit Federn. Er ist in Bernstein (Baumharz) erhalten geblieben. Wahrscheinlich gehörte der Schwanz einem *Coelurosaurus*, der so groß wie ein Spatz war.

Gestreift

Fossilien deuten darauf hin, dass der Schwanz von *Sinosauropteryx* gestreift war: Er trug dort wahrscheinlich braune und weiße Federn.

Keule mit Stacheln

Bei einigen Dinosauriern wie *Shunosaurus* war die Schwanzkeule mit kleinen Stacheln gespickt. Die Keulen dienten wohl der Verteidigung.

Ein erwachsener *Shunosaurus* war etwa 9,5 m lang.

Dino-Quiz

1. Welche Dinos hatten die längsten Schwänze?
2. Wozu dienten dicke Keulen am Ende von Dino-Schwänzen?
3. Welcher Dinosaurier hatte einen gestreiften Schwanz?

Die Antworten findest du auf S. 130–131.

Gleichgewicht

Albertosaurus hatte einen gewaltigen Schwanz, der als Gegengewicht zu seinem schweren Körper diente. Viele große Dinos brauchten schwere Schwänze, um das Gleichgewicht zu halten.

Wie groß waren Dino-Eier?

Genau wie Hühner legten die Dinosaurier Eier. Ihre Größe war ganz unterschiedlich – je nachdem, ob sie von gewaltigen Titanosauriern stammten oder von kleinen Microraptoren. Heute weiß man sogar, wie sie gefärbt waren.

Apatosaurus-Ei

Der *Apatosaurus* zählte zu den riesigen Pflanzenfressern. Seine Eier waren größer als ein Basketball.

Tarbosaurus-Ei

Tarbosaurus war ein Verwandter von T. Rex. Man fand seine Eier in der Mongolei und in China.

Oviraptor-Ei

Forscher ordneten die Eier anfangs dem *Protoceratops* zu. Sie glaubten, *Oviraptoren* hätten sie geklaut.

Legten die Dinos ihre Eier in Nester?

Nest am Boden

Einige Dinosaurier legten ihre Eier in große, offene Nester, zum Beispiel viele der Theropoden, die nah mit den Vögeln verwandt waren.

Vergrabenes Gelege

Die meisten Dinosaurier bedeckten ihre Eier mit Sand oder Erde, sodass sie vor hungrigen Räubern gut geschützt waren.

? *Stimmt das?*

1. In Australien wurden *Tarbosaurus*-Eier gefunden.
2. Die meisten Dinos legten ihre Eier in offene Nester am Boden.
3. Ein *Apatosaurus*-Ei war größer als ein Basketball.

Die Antworten findest du auf S. 130–131.

Hadrosaurier-Ei

Diese Dinosaurier legten Eier, die deutlich größer waren als Enteneier.

Protoceratops-Ei

Protoceratops-Weibchen legten mehrere Eier an einer Stelle ab. Jedes Ei war 16 cm lang.

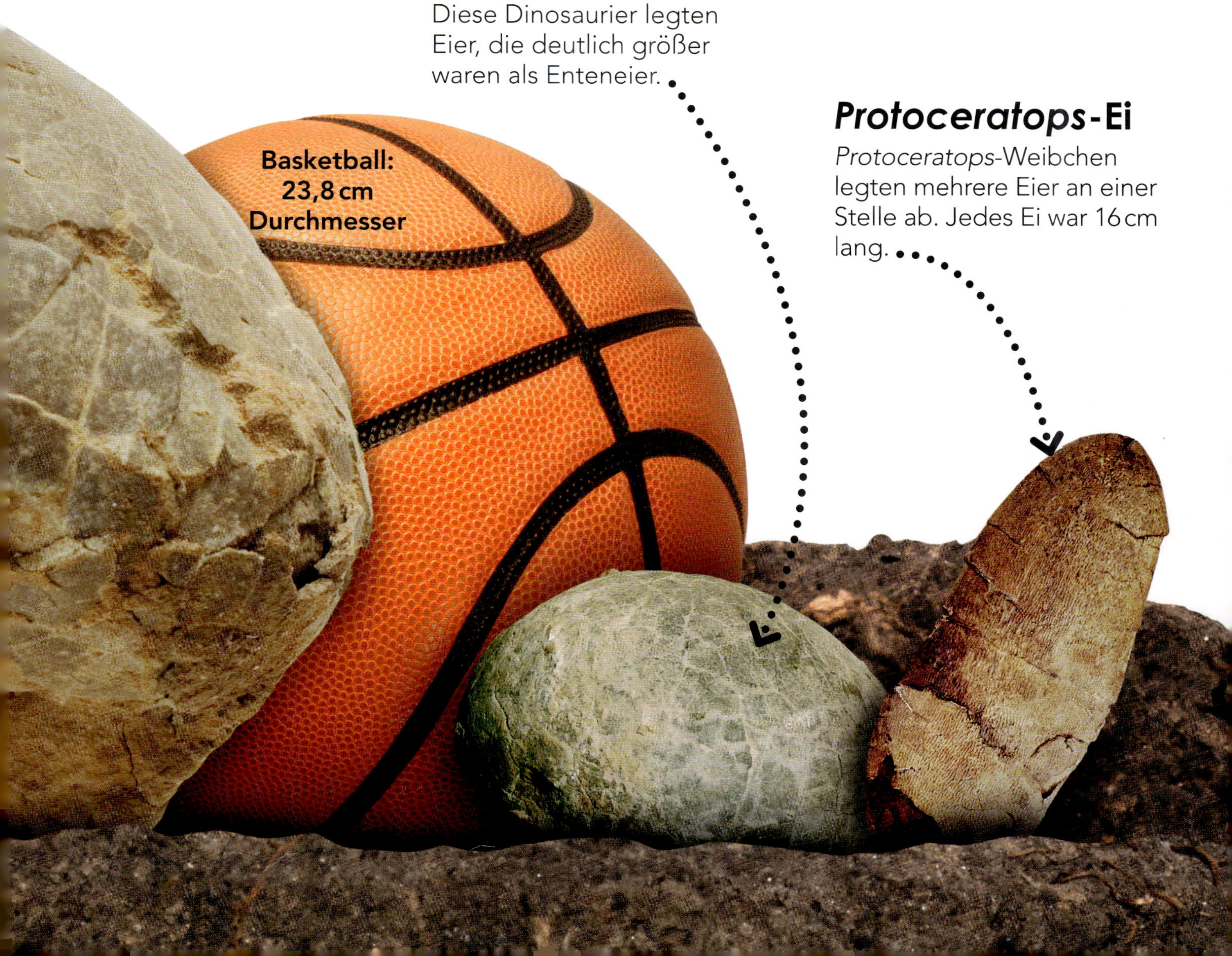

Welcher Dino sah am seltsamsten aus?

Mit seinen gekrümmten Krallen, dem langen Hals und dem dicken Bauch ist *Therizinosaurus* einer der merkwürdigsten bisher bekannten Dinosaurier. Der Theropode war mit dem *Velociraptor* verwandt, fraß aber vor allem Pflanzen. Er lebte vor 75 Millionen Jahren.

Giraffe

Langer Hals

Der etwa 3 m lange Hals von *Therizinosaurus* war länger als der Hals einer Giraffe. Mit Schwanz war er insgesamt 10 m lang.

? Dino-Quiz

1. Wie lang waren die Krallen von *Therizinosaurus*?
   a) 10 cm
   b) 30 cm
   c) 1 m

2. Welcher Dino hatte Stummelarme mit je einer Kralle?
   a) *Therizinosaurus*
   b) *Kosmoceratops*
   c) *Linhenykus*

Die Antworten findest du auf S. 130–131.

Nasenaffe

Lange Krallen

Die gekrümmten Krallen waren 1 m lang. Wahrscheinlich zog der Dino damit Äste zu seinem Maul.

Dicker Bauch

Der *Therizinosaurus* hatte einen ähnlich dicken Bauch wie Affen, die viele Blätter fressen. Die Pflanzennahrung wurde darin langsam verdaut.

Welche anderen Dinosaurier hatten seltsame Merkmale?

Kosmoceratops

Kosmoceratops trug am oberen Schildrand eine Reihe kleiner, nach unten gekrümmter Hörner. Über den Augen ragten zwei lange Hörner.

Epidexipteryx

Dieser winzige Dinosaurier hatte lange, seltsame Schwanzfedern. Er konnte mit ihnen nicht fliegen, aber vielleicht beeindruckte er damit Partner.

Linhenykus

Dieser Dinosaurier ähnelte einem kleinen Strauß. An seinen Stummelarmen hatte er je eine Kralle. Damit grub er vermutlich Termitennester aus.

Sinne & Verhalten

Im Mesozoikum war das Leben gefährlich. Dinosaurier brauchten all ihre Sinne zum Überleben. Mit seinem guten Geruchssinn erschnüffelte *Tyrannosaurus* seine Beute, während *Yi qi* mit scharfsichtigen Augen jede Gefahr erspähte.

Wie verbrachten Dinos ihre Tage?

Die Dinosaurier kämpften jeden Tag um ihr Überleben. Sie verbrachten viel Zeit mit der Nahrungssuche. Außerdem mussten sie vor Feinden fliehen, ihr Revier verteidigen und auf ihre Jungen aufpassen.

Carnotaurus

Das Revier

Einige Dinosaurier wie der Räuber *Carnotaurus* bewachten ihr Revier vermutlich sehr aggressiv. Sie griffen jeden an, der es ihnen streitig machen wollte.

? Dino-Quiz

1. Wie heißt der Knochenring im Dino-Auge?
2. Fraß *Carnotaurus* Fleisch oder Pflanzen?
3. Welche Nahrung suchte *Diplodocus*?

Die Antworten findest du auf S. 130–131.

Nahrungssuche

Für manche Dinos wie *Diplodocus* war es nicht schwer, Pflanzen mit leckeren Blättern zu finden. Für andere war jede Mahlzeit ein Kampf. Sie mussten lange Zeit Ausschau halten, bis sie ihr Futter fanden.

Diplodocus

Maiasaura

Konnten Dinos nachts sehen?

In den Augen vieler Dinosaurier lag ein Knochenring, der das Auge schützte. Man nennt ihn Skleralring. Einige Wissenschaftler glauben, dass Dinos mit diesem Ring im Dunkeln gut sehen konnten. Andere meinen, dass es dafür nicht genügend Beweise gibt.

Die Jungen bewachen

Einige Dinos wie *Maiasaura* kümmerten sich sehr um ihre Jungen. Wahrscheinlich verbrachten sie den Großteil des Tages damit, Futter für die Kleinen zu suchen oder sie vor Fressfeinden zu beschützen.

Jäger und Gejagte mussten immer wachsam sein. Sonst blieben sie hungrig oder wurden gefressen.

Kehle
Wissenschaftler glauben, dass Dinosaurier-Kehlen denen von Vögeln und Krokodilen ähnelten.

Dino-Laute
Aus den Lauten von Krokodilen und Vögeln kann man ableiten, welche Geräusche Dinosaurier machten. Wahrscheinlich brachten sie tiefe, grollende Laute hervor, die man hören und auch fühlen konnte.

Konnten Dinos brüllen?

Niemand weiß, ob *Tyrannosaurus* wie im Film brüllen konnte. Forscher nehmen aber an, dass er wahrscheinlich nur einen Grollen ausstoßen konnte – aber auch das hätte dir einen Schauer über den Rücken gejagt!

Dino-Quiz

1. Musste T. Rex sein Maul öffnen, um Geräusche auszustoßen?
2. Was schwingt in unserem Kehlkopf?
3. Brüllten die Dinos wirklich so wie in Filmen?

Die Antworten findest du auf S. 130–131.

Wie singen Vögel?

Bei Menschen liegt der Kehlkopf oben an der Luftröhre. Wenn die Stimmbänder im Kehlkopf schwingen, entstehen Töne. Heute lebende Vögel haben dagegen unten an der Luftröhre einen Stimmkopf, der sich in zwei Teile gabelt. Beide schwingen unabhängig voneinander, sodass manche Vögel zwei Töne gleichzeitig hervorbringen können.

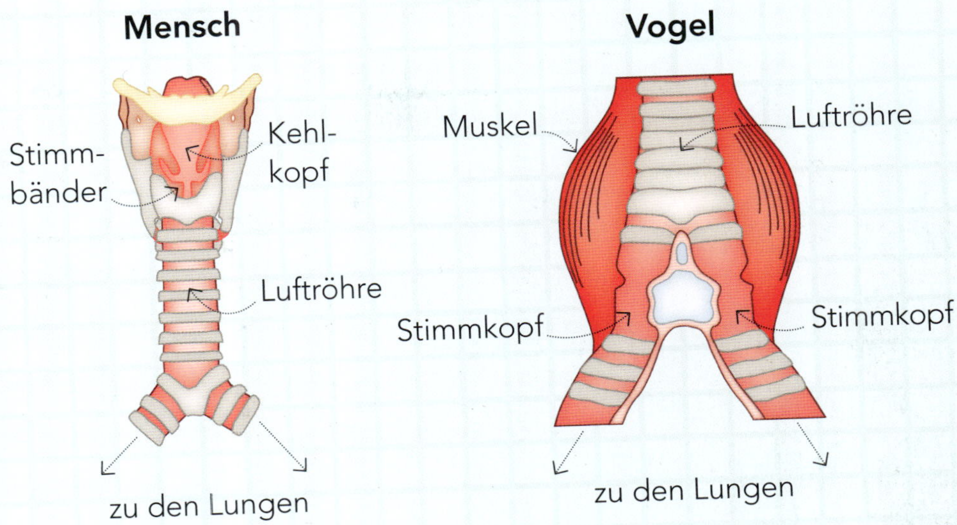

Geschlossener Kiefer

Tyrannosaurus hatte ein gewaltiges Maul, aber er musste es gar nicht öffnen, um Geräusche auszustoßen. Wissenschaftler glauben, dass er mit geschlossenem Maul Geräusche von sich geben konnte wie viele Reptilien und Vögel.

Spielten junge Dinosaurier?

Ja, wahrscheinlich haben die Kleinen gespielt. Das kann man vom Verhalten heutiger Tiere ableiten, die mit den Dinos verwandt sind. Junge Vögel, Krokodile und Alligatoren spielen miteinander. Also taten es kleine Dinos vermutlich auch.

Waren Dinosaurier gute Eltern?

Forscher glauben, dass Dinos wie die *Oviraptoren* sehr gute Eltern waren. Vermutlich verbrachten sie viel Zeit damit, sich um die Jungen zu kümmern.

Junge *Maiasaura* blieben in der Nähe ihrer Mutter, wenn sie das Nest verließen. Sie lebten in Herden.

Maiasaura

Einige Dinosaurier wie *Maiasaura* zogen ihre Jungen im Nest auf. In dieser Zeit konnten die Kleinen viel mit ihren Geschwistern spielen. *Maiasaura*-Herden bestanden aus Hunderten Dinos.

Selbstständig

Nicht alle Baby-Dinos wurden so gut umsorgt wie *Maiasaura*-Junge. Viele mussten nach dem Schlüpfen wohl allein zurechtkommen.

Kleine Babys

Wenn *Maiasaura*-Junge schlüpften, waren sie etwa 30 cm lang. Das entspricht ungefähr der Höhe dieses Buchs. Ausgewachsen konnten *Maiasaura* bis zu 9 m Länge erreichen.

In Sicherheit

Junge *Maiasaura* lebten in Gruppen zusammen. Sie blieben nah bei ihren Eltern oder anderen großen Mitgliedern ihrer Herde, wo sie vor Feinden sicher waren – genau wie kleine Elefanten und Gnus heute.

? Dino-Quiz

1. Welche heutigen Tiere beobachtet man, um etwas über Dinos zu lernen?
2. Wie groß war ein junger *Maiasaura*?
3. Kümmerten sich alle Dinos um ihre Jungen?

Die Antworten findest du auf S. 130–131.

Wozu dienten Schilde, Segel und Kämme?

Viele Dinos hatten bunte Kämme auf dem Kopf, auffällige Rückensegel oder beeindruckende Nackenschilde. Damit lockten sie Partner an oder schüchterten Rivalen ein.

Citipati

Der Kamm auf dem Schnabel dieses vogelähnlichen Dinosauriers bestand aus Knochen und Horn.

Das Nackenschild beeindruckte Partner und Rivalen.

Pentaceratops

Zusammen mit dem gewaltigen Nackenschild war der Schädel von *Pentaceratops* 2,3 m hoch. Kein anderes Landtier hatte je einen größeren Kopf.

Die Hohlräume unter solchen Kämmen verstärkten die Rufe der Dinos.

Corythosaurus

Der Kamm dieses Dinos erinnert an den Helm eines Soldaten aus der antiken Stadt Korinth. Sein Name bedeutet so viel wie „Helmechse".

Cryolophosaurus

Dieser Fleischfresser trug einen Kamm auf dem Kopf, der wie ein Fächer oder eine Krone aussah.

Womit locken Tiere heute ihre Partner an?

See-Elefant

Mit seiner riesigen Nase beeindruckt ein männlicher See-Elefant die Weibchen. Die Nase lässt seine Rufe lauter klingen.

Pfau

Pfauenmännchen schlagen ihr prächtiges blau-grünes Rad, um Pfauenweibchen zu zeigen, wie großartig sie sind.

Den längsten Knochenfortsatz auf dem Kopf hatte Parasaurolophus. Er war 1 m lang.

Mit diesem Höcker konnte der Dino womöglich Laute erzeugen.

Muttaburrasaurus

Muttaburrasaurus hatte einen Knochenhöcker auf der Schnauze. Vielleicht konnte er damit laute Geräusche hervorbringen.

Vielleicht regulierte der Dino mit dem Segel seine Körperwärme.

Ouranosaurus

Das große Rückensegel wurde von Knochenfortsätzen gestützt, die an der Wirbelsäule ansetzten.

? Dino-Quiz

1. Bei welchem Dino sah der Kamm wie eine Krone aus?
2. Welche Pfauen können ein Rad schlagen – Männchen oder Weibchen?

Die Antworten findest du auf S. 130–131.

Wer war stärker – T. Rex oder Spinosaurus?

Diese beiden Fleischfresser waren Giganten. Beide hatten einen muskulösen Körper und dolchförmige Zähne. *Spinosaurus* war größer und hatte kräftigere Arme, aber *Tyrannosaurus rex* konnte mit seinen mächtigen Kiefern Fleisch und Knochen zermalmen. Tatsächlich haben sich die beiden nie getroffen. Sie lebten zu unterschiedlichen Zeiten in verschiedenen Gegenden der Erde.

Tyrannosaurus

Dieser 10 Tonnen schwere Riese, der in der Kreide in Nordamerika und Asien unterwegs war, konnte unglaublich kraftvoll zubeißen.

Zähne

Im Maul von T. Rex steckten mehr als 60 spitze Zähne. Einige waren so lang wie Bananen und hatten gesägte Ränder wie Fleischmesser.

Dino-Quiz

1. Welcher Dino konnte kraftvoller zubeißen?
2. Was trug *Spinosaurus* auf dem Rücken?
3. Sind sich *Spinosaurus* und *Tyrannosaurus* jemals begegnet?

Die Antworten findest du auf S. 130–131.

Rückensegel

Spinosaurus trug ein Segel auf dem Rücken. Es bestand aus Haut, die über bis zu 2 m lange Wirbel-Fortsätze gespannt war. Das Rückensegel ließ den Dinosaurier groß und furchterregend aussehen.

Spinosaurus

Spinosaurus lebte in Afrika und packte mit seinen spitzen Zähnen glitschige Fische. Auch Angreifer konnte er damit übel verletzen.

Spinosaurus war der größte Fleischfresser, von dem wir bisher wissen.

Konnten Dinosaurier schwimmen?

Vielleicht lebten nicht alle Dinosaurier ständig an Land. Es gibt Hinweise darauf, dass einige wie *Suchomimus* schwimmen konnten. Möglicherweise fingen sie im seichten Wasser Fische.

Gingen auch andere Dinos ins Wasser?

Spinosaurus

Vielleicht konnte der riesige Fleischfresser *Spinosaurus* schwimmen. Mit seinen nadelspitzen Zähnen war er in der Lage, glitschige Fische zu packen und festzuhalten.

Krokodilähnlich

Suchomimus bedeutet „Krokodil-Nachahmer". Der lange Schädel mit den schmalen Kiefern erinnert an den Kopf eines Krokodils.

Fische fangen

Im langen Kiefer des *Suchomimus* saßen mehr als 120 spitze Zähne, mit denen er Fische packen konnte.

? Dino-Quiz

1. Wozu dienten die spitzen Zähne von *Suchomimus* wahrscheinlich?
2. Welche heute lebenden Reptilien haben ähnliche Schädel wie *Suchomimus*?
3. War *Spinosaurus* ein Fleischfresser?

Die Antworten findest du auf S. 130–131.

Hatten die Dinos Freunde?

Einige Dinosaurier verbrachten viel Zeit miteinander. Pflanzenfresser, die in Herden lebten, waren besser vor Angreifern geschützt. Und Fleischfresser konnten im Rudel größere Beutetiere erlegen.

Viele Dinosaurier fraßen und ruhten in Gruppen oder zogen in Herden umher.

***Uberabatitan*-Herde**

Die Jungen schützen

Einige Dinos verteidigten ihre Jungen aggressiv. Man hat versteinerte Dino-Eltern gefunden, die ihre Jungen mit ihrem Körper schützten, als sie starben.

Welche Tiere leben heute in Gruppen?

Zebras

Zebras leben in Herden und ziehen gemeinsam umher, weil sie so besser vor Raubtieren geschützt sind. Ihre Fressfeinde lauern im hohen Gras der afrikanischen Savannen.

Löwen

Löwen leben und jagen im Rudel. Gemeinsam können sie große Beutetiere wie Zebras und Gnus überwältigen.

Geselliges Leben

Man hat Fossilien von *Triceratopsen* gefunden, die nebeneinander lagen, als sie starben. Das weist darauf hin, dass sie in Herden lebten.

? Dino-Quiz

1. Warum lebten einige pflanzenfressende Dinos in Herden?
2. Wie nennt man eine Gruppe von Löwen?
3. Welchen Vorteil hat es für Fleischfresser gemeinsam auf die Jagd zu gehen?

Die Antworten findest du auf S. 130–131.

Flügel
Die Flügel der Flugsaurier bestanden aus ledriger Haut, die zwischen langen Fingerknochen aufgespannt war.

Auf allen vieren laufen
Versteinerte Spuren von Flugsauriern zeigen, dass die Tiere am Boden auf allen vieren liefen. Sie falteten die Flügel zusammen und stützten mit den Fingern ihren Körper ab.

In der Luft

An Land

Füße
Flugsaurier hatten kleine Füße. Sie passten zur Stromlinienform des Körpers.

Waren Flugsaurier Dinos?

Nein, das ist ein häufiger Irrtum. Einige Dinosaurier konnten zwar fliegen und durch die Luft gleiten, aber die Flugsaurier waren damals die Herrscher der Lüfte. Zu diesen fliegenden Reptilien gehörten *Pterodactylus* und *Pteranodon*.

Kamm

Viele Flugsaurier trugen bunte Kämme auf dem Kopf. Manche waren breit und fächerförmig, andere schmal und spitz.

Wie groß waren die Flugsaurier?

Quetzalcoatlus

Flugsaurier waren die größten Tiere, die jemals fliegen konnten. *Quetzalcoatlus* hatte eine Flügelspannweite von 10 m, ähnlich wie ein Segelflugzeug von heute.

Schnabel

Tupandactylus imperator hatte einen zahnlosen Schnabel und einen Kamm am Unterkiefer.

Finger

Flugsaurier hatten drei Finger mit Krallen. Ein vierter besonders langer Finger reichte bis zur Flügelspitze.

Die Knochen der Flugsaurier waren hohl und leicht. So konnten die Tiere besser fliegen.

? Dino-Quiz

1. Was war das Besondere an Flugsaurier-Knochen?
2. Konnten Flugsaurier auch laufen?
3. Welche Flügelspannweite hatte *Quetzalcoatlus*?

Die Antworten findest du auf S. 130–131.

Fraßen Dinos andere Dinos?

Ja, einige Dinosaurier wie *Tyrannosaurus rex* jagten andere Dinosaurier, um sie zu fressen. Diese Fleischfresser waren sehr stark und konnten auch große Beutetiere überwältigen.

Tyrannosaurus konnte viermal so kräftig zubeißen wie ein Alligator.

Kräftige Kiefer
T. Rex hatte kräftige Kiefer, mit denen er seine Beute töten konnte.

T. Rex und *Triceratops*

Die Kiefer

Forscher untersuchten die Fossilien von Dino-Schädeln. Sie fanden heraus, dass es von der Nahrung eines Dinosauriers abhing, wie weit er seine Kiefer öffnen konnte.

***Allosaurus*-Schädel**

Fleischfresser

Dinosaurier wie *Allosaurus*, die Fleisch fraßen, mussten mit den Kiefern zupacken. Deshalb konnten sie das Maul weit aufreißen.

***Erlikosaurus*-Schädel**

Pflanzenfresser

Pflanzenfresser wie *Erlikosaurus* fraßen Blätter und andere Pflanzenteile. Sie mussten nicht so kraftvoll zubeißen und hatten schwächere Kiefer als Fleischfresser.

Der Schwanz

Tyrannosaurus hatte einen langen Schwanz, mit dem er das Gleichgewicht hielt. Das war wichtig, wenn er auf die Jagd ging.

Schneller Läufer

Tyrannosaurus erreichte Geschwindigkeiten von ungefähr 17–40 km/h.

? Dino-Quiz

1. Wie unterscheiden sich die Kiefer von Fleisch- und Pflanzenfessern?
2. Wie schnell konnte T. Rex rennen?

Die Antworten findest du auf S. 130–131.

Sehvermögen
Stegosaurus sah wahrscheinlich nicht gut, weil sein Gehirn und seine Augen klein waren.

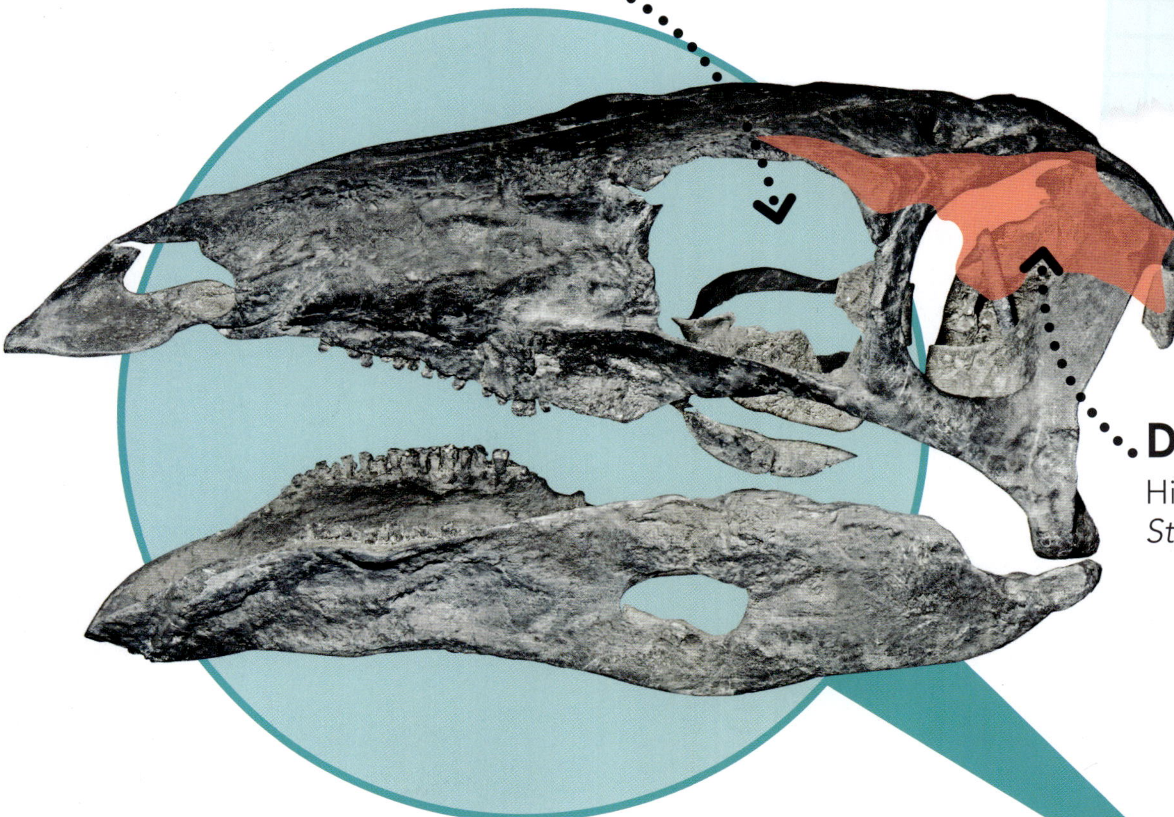

Das Gehirn
Hier lag das Gehirn im *Stegosaurus*-Schädel.

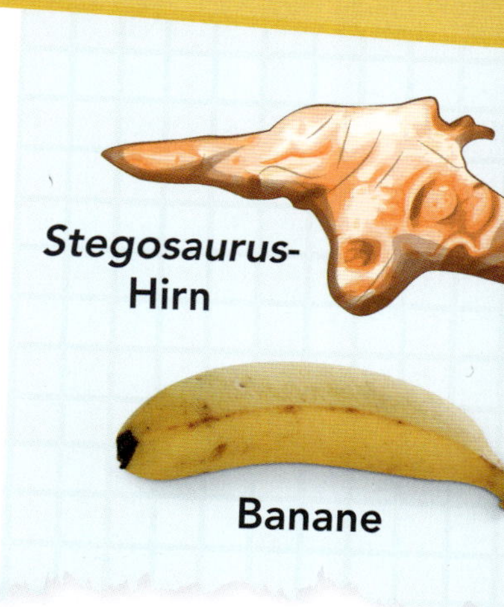

Wie groß war das Stegosaurus-Hirn?

Stegosaurus hatte die Größe eines Kleinbusses, aber sein Gehirn war nur so groß wie das eines Hundes. Für einen so großen Dinosaurier war es winzig. Trotzdem war *Stegosaurus* nicht dumm und ein sehr erfolgreicher Dinosaurier.

Kleiner Kopf
Wie viele große Pflanzenfresser hatte *Stegosaurus* einen kleinen Kopf.

Krumme Form

Das Gehirn von *Stegosaurus* war ähnlich geformt wie eine Banane.

Bilderrätsel

Welcher Dinosaurier hatte einen kleinen Körper, aber ein eher großes Gehirn?

Die Antwort findest du auf S. 130–131.

Wie groß sind Tier-Gehirne?

Strauß

Der Afrikanische Strauß hat ein kleines Gehirn. Es wiegt etwa 26 g und ist kleiner als ein Golfball.

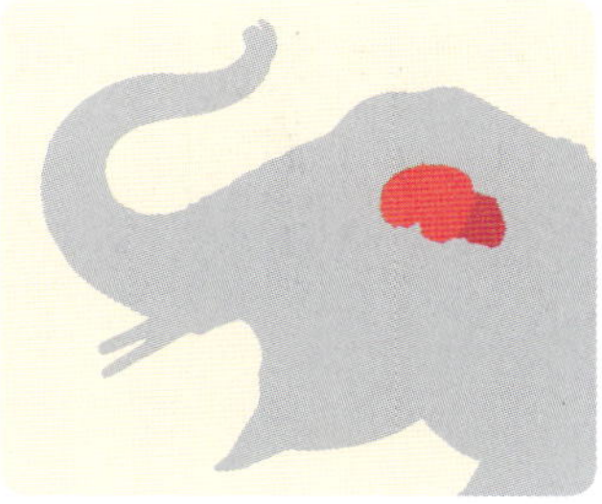

Elefant

Das Gehirn eines Afrikanischen Elefanten wiegt ungefähr 5,5 kg. Es ist etwa 3-mal so groß wie das eines Menschen.

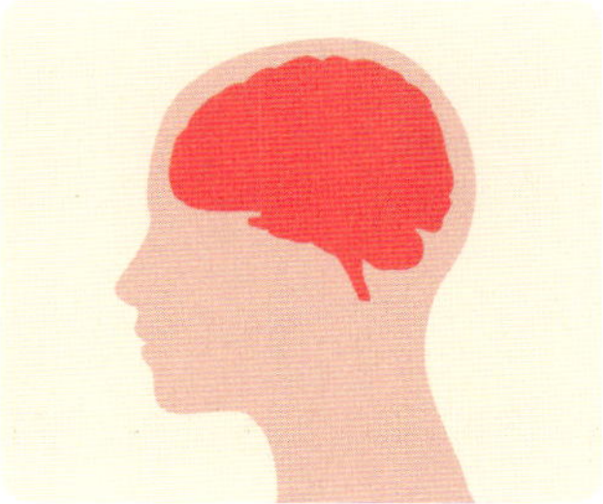

Mensch

Menschen haben im Vergleich zum restlichen Körper große Gehirne. Unser Gehirn wiegt ungefähr 1,5 kg.

Wie tarnten sich die Dinosaurier?

In der Welt der Dinosaurier gab es viele Gefahren. Kleine Tiere mussten ständig auf der Hut sein. Bei Gefahr rannten sie weg oder versteckten sich. Manche waren auch so gefärbt, dass sie in ihrer Umgebung gut getarnt waren: Wissenschaftler fanden anhand von Fossilien heraus, dass *Sinosauropteryx* eine Tarnfärbung hatte.

Impala-Herde

Dunkler Rücken

Die Oberseite des Körpers war mit dunklen Federn bedeckt.

Gestreift

Der Schwanz dieses Dinosauriers war orange-braun-weiß gestreift. Wahrscheinlich dienten die Streifen der Tarnung.

Sinosauropteryx

Heller Bauch

Sinosauropteryx trug am Bauch weiße Federn. In der Sonne war er für Feinde deshalb schwieriger zu erkennen.

Konterschattierung

In der Sonne liegt die Körperoberseite im Licht und die Bauchseite im Schatten. Tiere mit einer Konterschattierung sind oben dunkel und unten heller. Das gleicht den Schatten aus, sodass die Tiere einfarbig wirken und besser getarnt sind.

Normaler Schatten | **Konterschattierung** | **Tarnung in der Sonne**

Dino-Quiz

1. Was ist eine Konterschattierung?
2. Welche Farben hatten die Körperfedern von *Anchiornis*?
3. Welcher Dino hatte eine Konterschattierung?

Die Antworten findet du auf S. 130–131.

Impalas

Auch heute lebende Tiere wie die Impalas haben eine Konterschattierung. Ihre Körperoberseite ist dunkler als der helle Bauch.

Wissen wir, welche Farben andere Dinos hatten?

Anchiornis

Wissenschaftler entdeckten Farbstoffe in den Fossilien von *Anchiornis*. Sie glauben, dass *Anchiornis* am Körper graue, schwarze und weiße Federn trug. Auf seinem Kopf saß wahrscheinlich eine rote Federhaube.

Konnten Dinosaurier klettern?

Forscher glauben, dass einige gefiederte Dinos auf Bäume kletterten. Vielleicht stießen sich Dinosaurier wie *Yi qi* dort oben ab und segelten im Gleitflug durch den Wald. So konnten sie nach Beute suchen, aber auch vor Feinden fliehen.

Yi qi

Dieser Dinosaurier lebte vor etwa 160 Mio. Jahren. Er war so groß wie eine Krähe. Mithilfe seiner Flughäute glitt er durch die Luft. Sein einziges Fossil fand man in China.

Federkleid

Der Körper von *Yi qi* war mit borstigen Federn bedeckt. Kletternde Dinosaurier hatten außerdem lange Schwanzfedern.

Welche Tiere können ebenfalls gleiten?

Gleithörnchen

Wenn diese Nagetiere ihre Gleithäute zwischen den Armen und Beinen aufspannen, können sie durch die Luft gleiten. Mit den Beinen steuern sie.

Flugdrachen

Bei diesen kleinen Echsen spannen sich die Flughäute zwischen sehr langen Rippen. So können die Tiere von einem Baum zum nächsten gleiten.

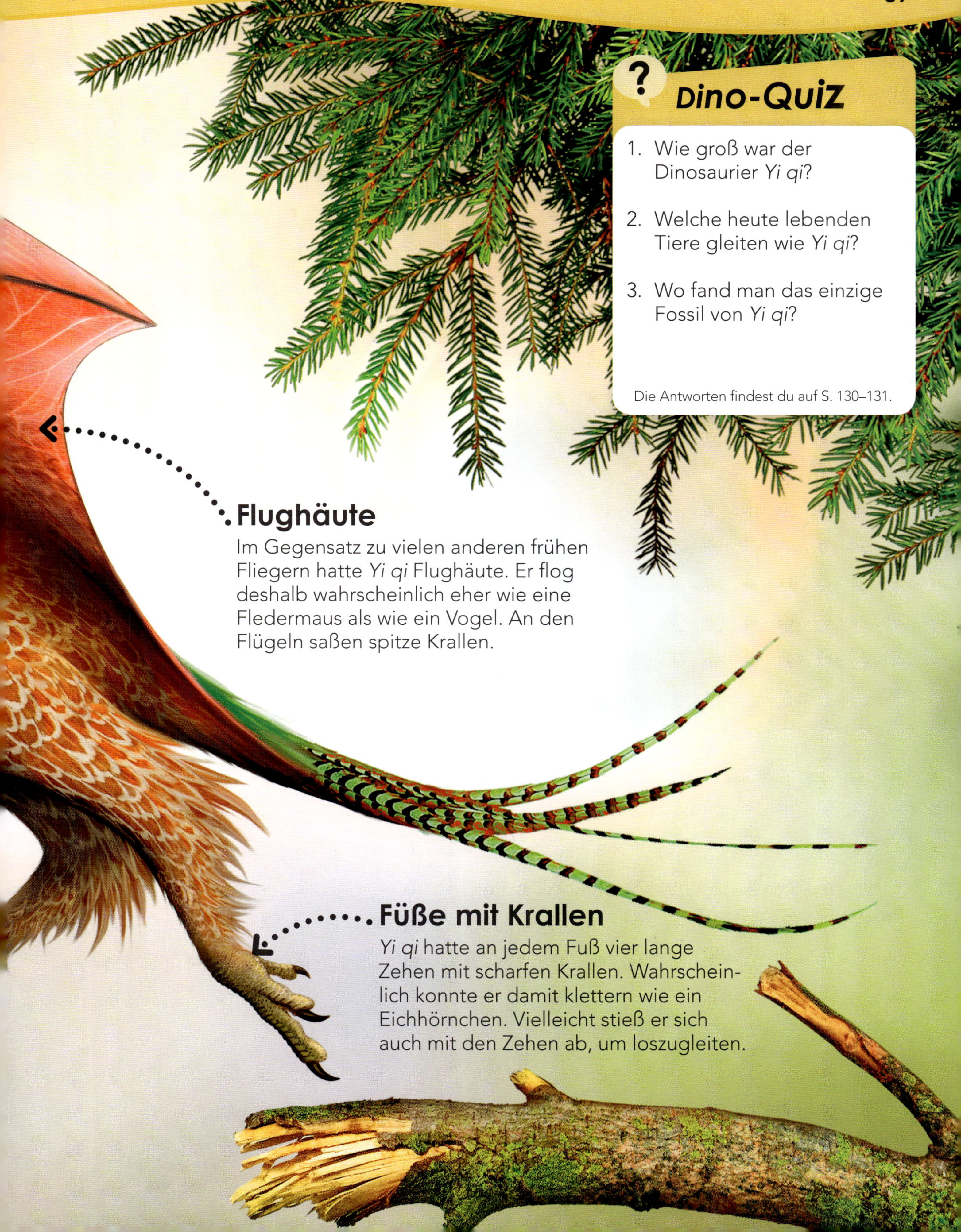

Dino-Quiz

1. Wie groß war der Dinosaurier *Yi qi*?
2. Welche heute lebenden Tiere gleiten wie *Yi qi*?
3. Wo fand man das einzige Fossil von *Yi qi*?

Die Antworten findest du auf S. 130–131.

Flughäute

Im Gegensatz zu vielen anderen frühen Fliegern hatte *Yi qi* Flughäute. Er flog deshalb wahrscheinlich eher wie eine Fledermaus als wie ein Vogel. An den Flügeln saßen spitze Krallen.

Füße mit Krallen

Yi qi hatte an jedem Fuß vier lange Zehen mit scharfen Krallen. Wahrscheinlich konnte er damit klettern wie ein Eichhörnchen. Vielleicht stieß er sich auch mit den Zehen ab, um loszugleiten.

Wie schlafen Tiere heute?

Schwan

Ein Schwan legt seinen Hals an und steckt den Kopf unter einen Flügel, wenn er schläft. Er kann das auch, während er schwimmt oder auf einem Bein steht.

Bartagame

Wissenschaftler haben herausgefunden, dass australische Bartagamen genau wie wir Tiefschlafphasen haben.

Mei long kommt aus dem Chinesischen und bedeutet „sanft schlummernder Drache“.

Warme Federn

Nachts wärmte das Federkleid wahrscheinlich wie eine Daunendecke.

Wie schliefen Dinos?

Genau wie wir mussten auch die Dinosaurier schlafen. Einige wie der entengroße *Mei long* rollten sich zu einem Ball zusammen und zogen die Beine an, wie es viele Vögel tun.

Gemütlich

2004 entdeckten Forscher das Fossil eines kleinen Dinos, der im Schlaf eine ähnliche Körperhaltung hatte wie ein Vogel. Sie nannten ihn *Mei long*.

Mei long

Dieser schlafende Dino ist wahrscheinlich während eines Vulkanausbruchs gestorben. Er wurde von einer Ascheschicht bedeckt und versteinerte.

Stimmt das?

1. Schwäne können auf einem Bein stehend schlafen.
2. *Mei long* ist chinesisch und bedeutet „müde Echse".
3. Forscher entdeckten das Fossil von *Mei long* 2006.

Die Antworten findest du auf S. 130–131.

Hatten Dinos so feine Nasen wie Hunde?

Hunde haben sehr feine Spürnasen, aber der Geruchssinn von *Tyrannosaurus rex* war vielleicht noch besser. Einige Wissenschaftler glauben, dass er der Dinosaurier mit der feinsten Nase war.

Mit seiner feinen Nase hat T. Rex vielleicht auch nachts Beute aufgespürt.

Nasenlöcher
Wenn Duftstoffe in die Nase eines T. Rex gelangten, nahmen Sinneszellen sie wahr und sandten Signale zum Gehirn. Dadurch bemerkte der Dino den Geruch.

Tyrannosaurus rex

Viele Forscher nehmen an, dass T. Rex mit seinem guten Geruchssinn tote Tiere aufspürte. Wahrscheinlich erschnüffelte er aber auch lebende Beute.

? Stimmt das?

1. Der Riechkolben hat mit dem Hören zu tun.
2. T. Rex hat mit seinem Geruchssinn wahrscheinlich Beute aufgespürt.
3. Spürhunde haben feinere Nasen als Menschen.

Die Antworten findest du auf S. 130–131.

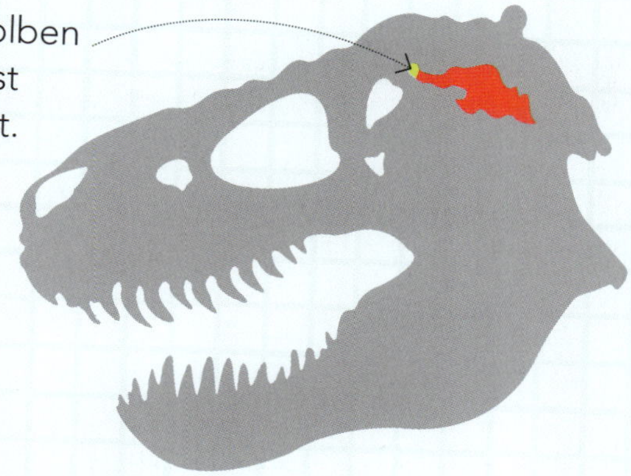

Der Riechkolben von T. Rex ist gelb gefärbt.

Gehirn und Geruchssinn

Von der Größe eines T. Rex-Schädels können Forscher ableiten, wie groß das Gehirn und der Riechkolben des Raubdinosauriers waren. Der Riechkolben ist der Teil des Gehirns, der Geruchswahrnehmungen verarbeitet und weiterleitet. Wahrscheinlich war der Riechkolben des T. Rex ziemlich groß und das Tier hatte einen guten Geruchssinn.

Spürhund

Hunde wie der Bloodhound spüren mit ihren feinen Nasen Menschen und andere Tiere auf. Wissenschaftler glauben, dass ihr Geruchssinn 40-mal so gut ist wie der von Menschen.

Wie wuchsen Dinos heran?

Dinosaurier schlüpften aus Eiern. Danach entwickelten sie sich, wie Menschen, in verschiedenen Lebensabschnitten. Fossilien aus der Wüste Gobi in Asien zeigen, wie sich ein *Protoceratops* im Lauf seines Lebens verändert hat.

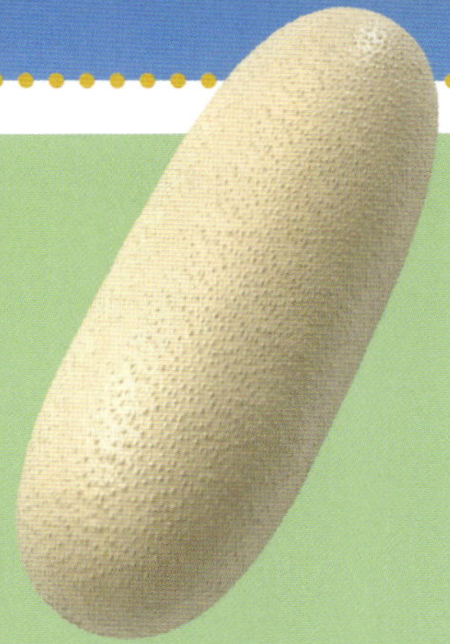

Ei

Die Fossilien verraten den Forschern, dass sich ein junger *Protoceratops* etwa 83 Tage in seinem Ei entwickelte. Dino-Eier hatten harte Schalen – ähnlich wie Vogeleier.

Baby

Ein junger *Protoceratops* war ungefähr 10 bis 15 cm lang. Um sich aus dem Ei zu befreien, trug er oben am Schnabel einen Eizahn. Solche Zähne finden sich auch bei einigen heute lebenden Vögeln und Reptilien.

Altersbestimmung

Dinosaurier-Knochen wuchsen ähnlich wie Bäume. Jedes Jahr lagerte sich eine neue Knochenschicht ab. Wie bei einem Baum kann man an den Jahresringen der Knochen das Alter eines Dinosauriers abzählen.

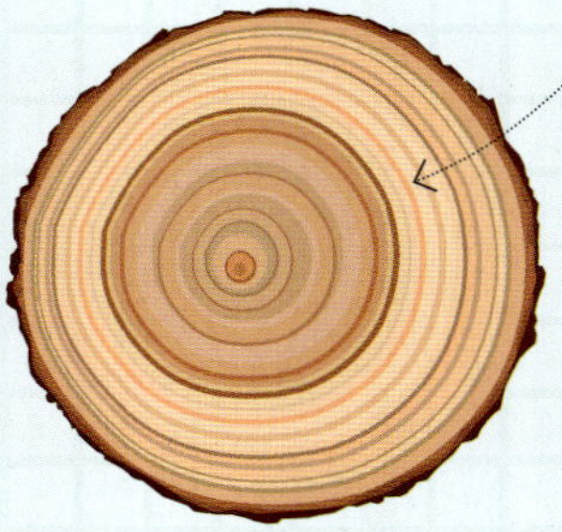

Jedes Jahr bildet sich ein neuer Ring.

Baumstamm im Querschnitt

Forscher zählen die Ringe des Dino-Knochens, um herauszufinden, wie alt das Tier war.

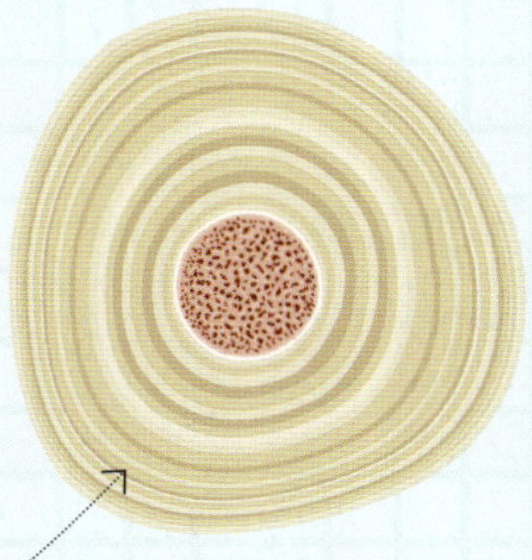

Dino-Knochen im Querschnitt

Dino-Quiz

1. Wo fand man die Fossilien von *Protoceratops*?
2. Wie stellt man fest, wie alt ein Dinosaurier war?
3. Wie groß war ein erwachsener *Protoceratops*?

Die Antworten findest du auf S. 130–131.

Jungtier

Protoceratops lebte wahrscheinlich in Herden. Die Jungtiere blieben vermutlich nah bei der Gruppe, wo sie geschützt waren. Vielleicht haben sie auch miteinander gespielt.

Fossilien

Man hat *Protoceratops*-Fossilien von unterschiedlich alten Tieren gefunden. Sie verrieten den Forschern, wie sich diese Dinos im Lauf ihres Lebens entwickelten.

Erwachsenes Tier

Ein erwachsener *Protoceratops* war ungefähr so groß wie ein Schaf. Von der Nasenspitze bis zum Schwanz war er etwa 1,8 m lang und wog ungefähr 180 kg.

Welcher Dino war am gefährlichsten?

Mit ihren kräftigen Kiefern und den rasiermesserscharfen Krallen waren die Theropoden die gefährlichsten Räuber. Einige dieser schnellen Läufer jagten im Rudel, während andere ihre Opfer allein überwältigen konnten.

Limaysaurus

Allosaurus war nah verwandt mit dem gefürchteten Tyrannosaurus rex.

Wie töteten die Theropoden ihre Beute?

Deinonychus

Deinonychus jagte im Rudel. Dabei setzte er die gekrümmten Krallen an seinen Zehen wie Haken ein. Damit hielt er im Kampf seine Beute fest.

Allosaurus

Diese Theropoden hatten lange, kräftige Arme. *Allosaurus* fing mit ihnen große Beutetiere und tötete sie.

Zähne

Große Theropodenzähne waren so scharf wie Messer. Damit konnten die Tiere das Fleisch von den Knochen ihrer Beute reißen.

Krallen

An den Fingern der Theropoden saßen zwei, drei oder vier scharfe Krallen. Auch an den Zehen trugen sie Krallen.

? Dino-Quiz

1. Hatten Theropoden an den Fingern und an den Zehen Krallen?
2. Wie scharf waren die Zähne der Theropoden?
3. Welcher Dino war verwandt mit T. Rex?

Die Antworten findest du auf S. 130–131.

Das Ende der Dinos

Vor etwa 66 Millionen Jahren schlug ein riesiger Meteorit auf der Erde ein. Damals starben die Dinosaurier aus. Mit ihnen verschwanden auch zwei Drittel aller anderen Tierarten von der Erde.

Was passierte mit den Dinos?

Vor 66 Millionen Jahren starben die Dinos aus, als ein riesiger Meteorit auf die Erde prallte. Damals veränderten sich die Lebensbedingungen vollständig.

Die meisten Pflanzen- und Tierarten auf der Erde starben zur gleichen Zeit aus wie die Dinos.

Nahrungsmangel

Heiße Bruchstücke des Meteoriten lösten Brände aus. Die Feuer vernichteten die Pflanzen. Bald verhungerten die Pflanzenfresser. Dadurch fanden auch die Fleischfresser nicht mehr genug Nahrung und starben ebenfalls.

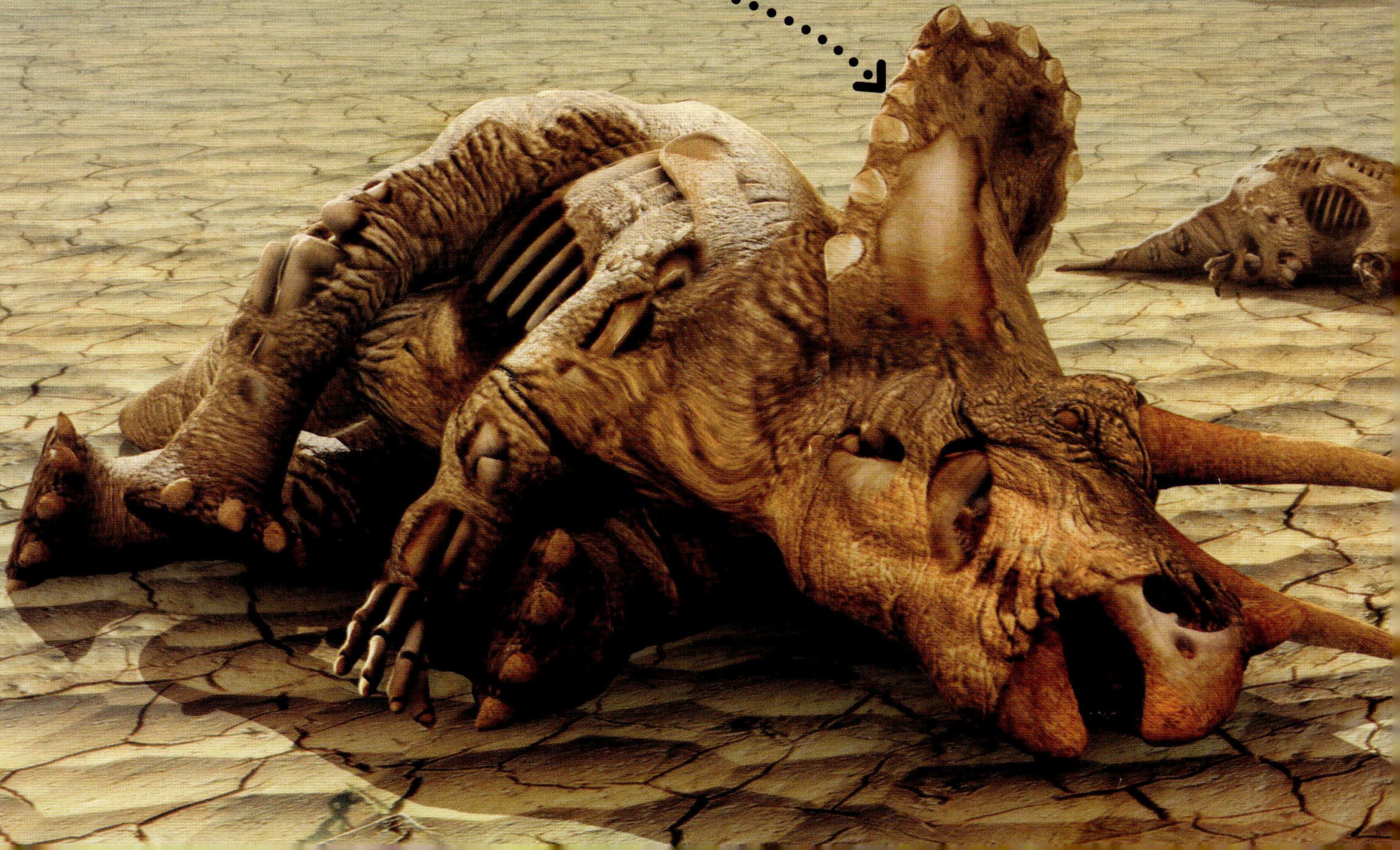

Staub

Gewaltige Staubwolken entstanden, als der Meteorit einschlug. Viele Pflanzen- und Tierarten konnten ohne Sonnenlicht nicht überleben.

Dino-Quiz

1. Wann starben die Dinos aus?
2. Was geschah damals mit den anderen Tieren und den Pflanzen auf der Erde?
3. Warum starben die Fleischfresser?

Die Antworten findest du auf S. 130–131.

Wüste

Staub schirmte das Sonnenlicht ab, sodass die Pflanzen nicht mehr wachsen konnten. Allmählich verwandelte sich das Land in eine riesige Wüste.

Was vernichtete die Dinosaurier?

Ein Meteorit

Viele Wissenschaftler glauben, dass ein Meteorit (ein riesiger Felsbrocken aus dem Weltall) die Erde traf. Sie haben errechnet, dass er mit 100 000 km/h einschlug. Daraufhin starben die Dinos aus.

Tsunamis

Der Meteorit, der die Erde traf, hat vielleicht Tsunamis ausgelöst. Diese gewaltigen Wellen könnten die Lebensräume der Dinos zerstört haben, die in der Nähe der Einschlagstelle lebten.

Starben die Dinos bei Vulkanausbrüchen?

Unter Wissenschaftlern ist umstritten, weshalb die Dinos ausgestorben sind. War der Einschlag eines riesigen Meteoriten auf der Halbinsel Yucatán in Mexiko der Auslöser? Oder führte der Ausbruch gewaltiger Vulkane zum Ende der Dinos? Die meisten denken aber, dass der Meteoriteneinschlag die Ursache war.

Heiß oder kalt

Gase aus Vulkanen könnten bewirkt haben, dass es auf der ganzen Erde wärmer oder kälter wurde. Das wäre für die Lebewesen verheerend gewesen.

Welcher aktive Vulkan ist der größte?

Der größte aktive Vulkan ist der Mauna Loa auf Hawaii. Er ist mehr als 4170 m hoch. Seit 1843 ist er 33-mal ausgebrochen, das letzte Mal 1984.

Hochland von Dekkan

So heißt ein großes Gebiet im heutigen Indien, in dem zum Ende des Dinosaurierzeitalters gewaltige Vulkane ausbrachen.

Vulkangebiet damals

Asche und Staub

Bei Vulkanausbrüchen gelangen giftige Gase in die Atmosphäre. Große Landflächen werden unter Asche und Lava begraben.

Lava

Die Lava kann bei Vulkanausbrüchen mehr als 480 km weit übers Land fließen.

? Dino-Quiz

1. Wo auf der Erde schlug der Meteorit ein?
2. Wie weit kann Lava fließen?
3. Wie könnte sich die Temperaturen nach Vulkanausbrüchen verändert haben?

Die Antworten findest du auf S. 130–131.

Welche Tiere haben überlebt?

Als die Dinosaurier ausstarben, verschwanden auch die meisten anderen Tierarten, die damals auf der Erde gelebt haben. Trotzdem ging das Leben weiter. Viele Tiere überstanden die Katastrophe am Ende der Kreide. Ihre Nachfahren leben noch heute.

Reptilien

Einige Reptilien wie die Tuatara oder Brückenechse überlebten. Viele andere Reptilienarten starben damals aus.

Amphibien

Manche Amphibien wie die Frösche überstanden die Katastrophe. Weil sie klein waren, konnten sie sich vielleicht vor ihren Fressfeinden besser verbergen.

? Dino-Quiz

1. Gab es zur Zeit der Dinos auch Säugetiere?
2. Wer flog nach dem Ende der Saurier durch die Luft?
3. Gibt es Meerestiere, die das Massenaussterben überlebt haben?

Die Antworten findest du auf S. 130–131.

Vögel

Während die Flugsaurier ausstarben, überlebten einige Vögel. Sie entwickelten sich zu den neuen Herrschern der Lüfte.

Säugetiere

Lange Zeit lebten Säugetiere gleichzeitig mit den Dinosauriern. Viele waren in der Nacht aktiv. Als die Dinos ausstarben, entwickelten sich neue Säugetiere, die ihre Plätze einnahmen.

Fische

Die Plesiosaurier und Mosasaurier in den Meeren verschwanden mit den Dinos. Doch einige Fische überstanden das Massenaussterben.

Welche Tiere entwickelten sich nach den Dinos?

Coryphodon

Nachdem die Dinosaurier ausstarben, entwickelten sich Säugetiere wie *Coryphodon*. Manche wurden enorm groß.

Hyaenodonten

Säugetiere wie die Hyaenodonten entwickelten sich zu gefährlichen Räubern an der Spitze der Nahrungsketten.

Triceratops

Der Pflanzenfresser *Triceratops* lebte in Nordamerika in der Nähe der Gegend, die der Meteorit traf. Die Dinos in diesem Gebiet waren wahrscheinlich die ersten, die ausstarben. Staubwolken verdunkelten den Himmel, sodass die Pflanzen nicht mehr wachsen konnten. Pflanzenfresser wie *Triceratops* verhungerten, weil sie kein Futter mehr fanden.

Tyrannosaurus

Auch dieser Räuber an der Spitze der Nahrungskette überlebte den Einschlag des Meteoriten nicht lange. Fleischfresser wie T. Rex fanden keine Beute mehr, als Pflanzenfresser wie *Triceratops* ausstarben.

Welche Dinos starben zuerst?

Der Meteorit schlug am Ende der Kreide dort ein, wo heute Mexiko liegt. Zu dieser Zeit lebten einige der bekanntesten Dinosaurier wie *Tyrannosaurus rex* und *Triceratops.* Nach dem Einschlag starb ein Großteil der Lebewesen.

? Stimmt das?

1. *Therizinosaurus* starb vor *Triceratops* aus.
2. *Brachiosaurus* war bereits vor dem Meteoriteneinschlag ausgestorben.
3. Der Meteorit schlug in der Mongolei ein.

Die Antworten findest du auf S. 130–131.

Therizinosaurus

Therizinosaurus war einer der größten und letzten Dinos auf der Erde. Er lebte dort, wo heute die Mongolei liegt, also weit vom Meteoriteneinschlag entfernt. Es hat wohl länger gedauert, bis Dinosaurier in dieser Gegend ausstarben, aber schließlich konnten auch sie nicht mehr überleben.

Einige Forscher glauben, dass es schon vor der Katastrophe nicht mehr so viele Dinos gab.

Sind bereits vor der Katastrophe Dinos ausgestorben?

Brachiosaurus

Dieser turmhohe Dinosaurier lebte vor etwa 156 bis 145 Mio. Jahren im späten Jura. Er war schon lange ausgestorben, als der Meteorit vor 66 Mio. Jahren einschlug.

Stegosaurus

Stegosaurus lebte vor 156 bis 151 Mio. Jahren, T. Rex vor 67 bis 66 Mio. Jahren. Der zeitliche Abstand zwischen dir und T. Rex ist also kürzer als der zwischen T. Rex und *Stegosaurus*.

Wie wär's mit einem Dino als Haustier?

Vielleicht hast du ja schon einen: zum Beispiel einen Wellensittich. Von den ausgestorbenen Dinos wäre *Psittacosaurus* vielleicht ein gutes Haustier gewesen. Er war nicht besonders groß und fraß Pflanzen. Auf dich hätte er also keinen Appetit gehabt.

? Stimmt das?

1. *Psittacosaurus* war ein Fleischfresser.
2. *Psittacosaurus* hatte Federn.
3. Viele Dinos wurden von Menschen ausgerottet.

Die Antworten findest du auf S. 130–131.

Welche Dinos könnten heute auf der Erde leben?

Nahrung

Die Dinos bräuchten unterschiedliches Futter, ähnlich wie Katzen und Meerschweinchen. Pflanzenfresser würden Blätter und Früchte brauchen und Fleischfresser natürlich Fleisch.

Die Umwelt

Wir verschmutzen die Umwelt und haben viele Lebensräume zerstört. Gäbe es noch Dinos auf der Erde, dann hätten sie ähnliche Probleme wie andere Wildtiere. Sicherlich wären viele vom Aussterben bedroht.

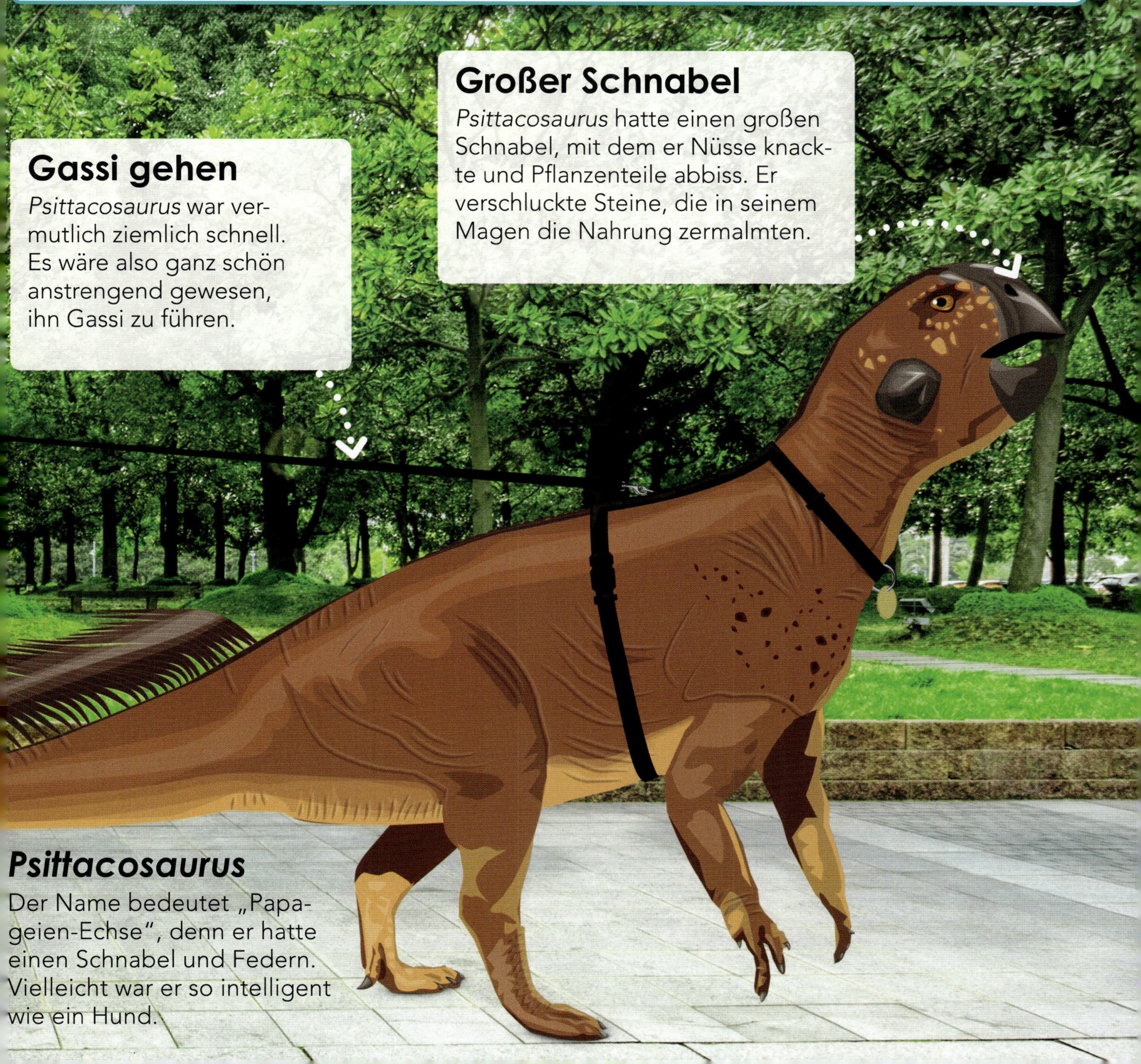

Großer Schnabel

Psittacosaurus hatte einen großen Schnabel, mit dem er Nüsse knackte und Pflanzenteile abbiss. Er verschluckte Steine, die in seinem Magen die Nahrung zermalmten.

Gassi gehen

Psittacosaurus war vermutlich ziemlich schnell. Es wäre also ganz schön anstrengend gewesen, ihn Gassi zu führen.

Psittacosaurus

Der Name bedeutet „Papageien-Echse", denn er hatte einen Schnabel und Federn. Vielleicht war er so intelligent wie ein Hund.

Dino-Forschung

Auf der ganzen Erde wurden schon Versteinerungen von Dinos gefunden und viele weitere warten noch auf ihre Entdeckung. Mit Hightech-Geräten finden Forscher immer mehr über die Urzeittiere heraus.

Was sind Fossilien?

Fossilien sind versteinerte Überreste von Tieren und Pflanzen, die vor Jahrmillionen gelebt haben. Alle möglichen Teile von Lebewesen sind versteinert, Knochen von Stegosauriern genauso wie Ammonitengehäuse. Fossilien helfen uns zu verstehen, wie sich die Erde mit der Zeit verändert hat.

Bernstein ist klebriges Baumharz, das im Lauf der Zeit steinhart wurde.

Versteinerter Abdruck einer Muschelschale

Ammonitenschalen in Kalkstein

Abdrücke

Solche Fossilien bilden sich, wenn ein totes Tier oder eine Pflanze mit Schlamm oder Sand bedeckt wird. Im Lauf der Zeit werden diese Ablagerungen zu Stein. Wenn der Tierkörper oder das Pflanzenteil verwest, bleibt sein Abdruck zurück.

Steinkerne

Diese Fossilien entstehen, wenn mineralreiches Wasser in einen Abdruck einsickert. Die Mineralien werden fest und es entsteht ein Gebilde, das die Form der abgestorbenen Pflanze oder des Tieres hat.

Was war das erste Fossil, das man gefunden hat?

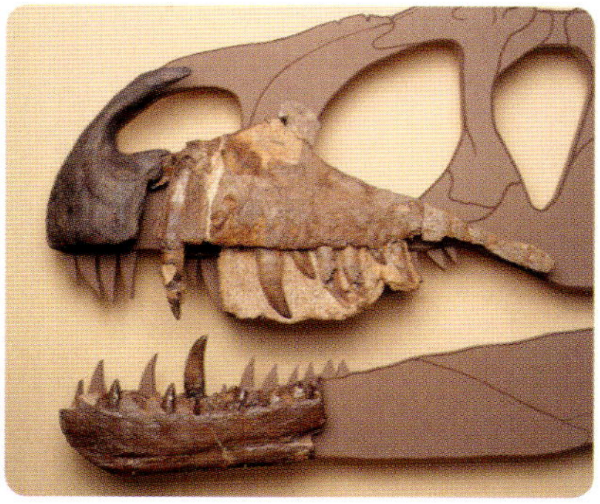

Das erste gefundene Fossil eines Dinosauriers war der Kieferknochen dieses *Megalosaurus*. William Buckland beschrieb ihn 1824. Erst später verwendete Richard Owen den Namen „Dinosauria".

? Dino-Quiz

1. Bildete sich Bernstein aus Baumharz?
2. Wann fand man das erste Fossil überhaupt?
3. Was sind Spurenfossilien?

Die Antworten findest du auf S. 130–131.

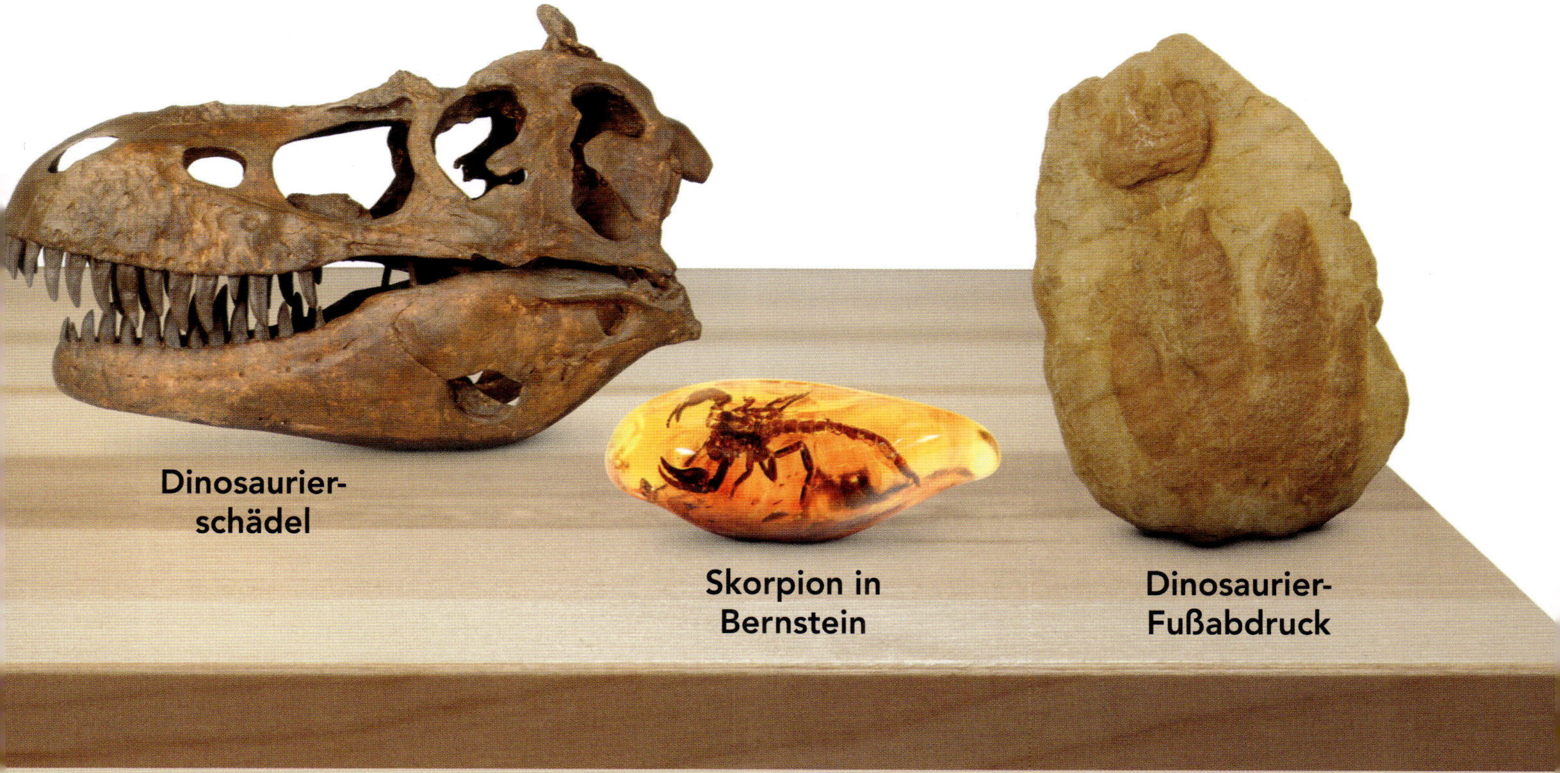

Dinosaurier-schädel

Skorpion in Bernstein

Dinosaurier-Fußabdruck

Versteinerte Körperteile

Solche Fossilien bilden sich, wenn Mineralien nach und nach die harten Teile des toten Lebewesens ersetzen, also z. B. Knochen, Zähne, Schalen oder Blätter.

Bernstein oder Eis

Es kommt vor, dass ein ganzer Körper in Eis oder Bernstein erhalten bleibt. Dabei kann es sich um ein gefrorenes Mammut handeln oder um ein in Bernstein eingeschlossenes Gliedertier.

Spurenfossilien

Manchmal sind auch Spuren eines Lebewesens erhalten geblieben, etwa Fußabdrücke, Kratzspuren oder Kot. Solche Fossilien verraten uns, was die Dinos fraßen, wie sie lebten und wie sie sich fortbewegten.

Wie entstehen Fossilien?

Fossilien bilden sich, wenn ein Lebewesen stirbt und seine Überreste verschüttet werden. Im Lauf von Jahrmillionen werden die harten Teile des Körpers, etwa die Knochen, zu Stein. Selten versteinern auch weiche Teile.

Wir wissen nur deshalb etwas über Dinosaurier, weil ihre Fossilien erhalten geblieben sind.

Ein toter *Parasaurolophus* sinkt auf den Grund des Sees.

Ein Tier stirbt

Viele der am besten erhaltenen Fossilien stammen von Dinosauriern wie diesem *Parasaurolophus*, die im Wasser gestorben sind. Der Körper sank auf den Grund, wo keine Aasfresser unterwegs waren.

Die weichen Teile des Körpers verwesen und das Skelett bleibt zurück.

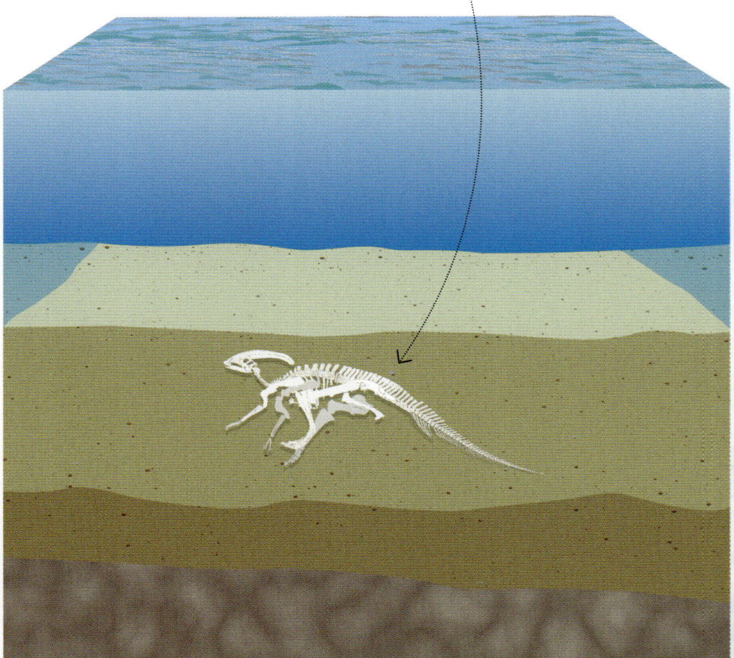

Das Fleisch verwest

Das Fleisch von *Parasaurolophus* zerfiel und nur die Knochen blieben zurück. Kleine Steine und Pflanzenteilchen, die auf den Grund des Sees sanken, lagerten sich über dem Dinosaurierskelett ab.

Dino-Quiz

1. Wie werden Dinosaurierknochen zu Stein?
   a) Mineralien sickern ein.
   b) Lava ersetzt die Knochen.
   c) Gas strömt in die Knochen.

2. Wo starben die Tiere, deren Fossilien besonders gut erhalten sind?
   a) im Gebirge
   b) unter der Erde
   c) im Wasser

Die Antworten findest du auf S. 130–131.

Welches Fossil ist am besten erhalten?

Zu den am besten erhaltenen Fossilien, die man je gefunden hat, gehört ein 110 Mio. Jahre alter Nodosaurier, der im Royal Tyrell Museum in Kanada ausgestellt ist. Es wirkt fast so, als wäre das Tier noch am Leben. Der Pflanzenfresser starb im Wasser und wurde schnell von Sediment bedeckt. Deshalb kann man viele Einzelheiten seiner Haut und die Stacheln gut erkennen.

Immer mehr Gesteinsschichten lagern sich ab. Allmählich versteinern die Knochen.

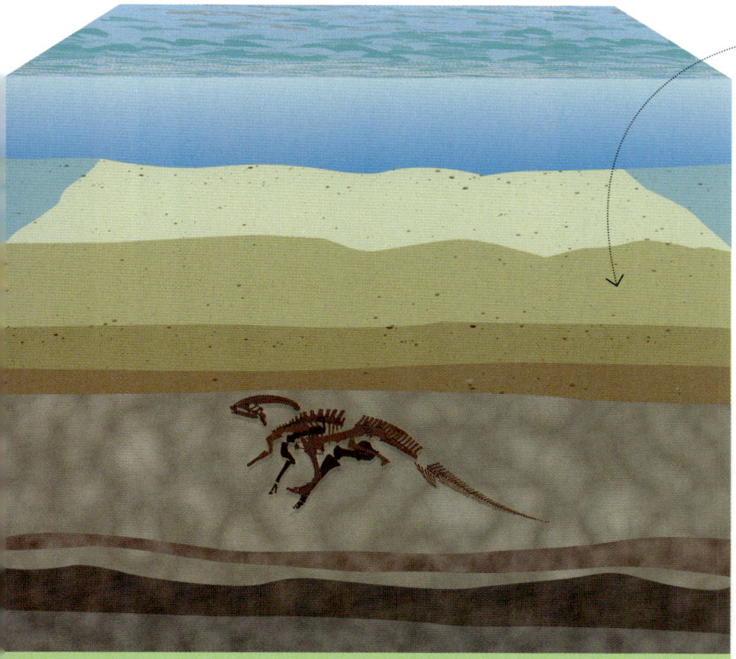

Die Gesteinsschichten verwittern und das versteinerte Skelett liegt frei.

Sedimente lagern sich ab

Im Lauf von Jahrmillionen lagern sich immer mehr Schichten über dem Skelett ab. Neuere Schichten üben Druck auf die älteren aus, sodass diese allmählich zu Stein werden. Mineralien sickern in die Dinosaurierknochen ein und versteinern ebenfalls.

Die Entdeckung

Weil die Erdkruste in Bewegung ist, wird der Grund des Sees allmählich angehoben. Die Gesteinsschichten verwittern und die Fossilien werden sichtbar. Fossilienjäger lösen die versteinerten Knochen mit Werkzeugen vom Gestein der Umgebung.

Wo kann man Fossilien finden?

Versteinerte Überreste von Lebewesen, die vor vielen Millionen Jahren lebten, kann man auf der ganzen Erde finden: an Stränden, in Steinbrüchen und vielleicht sogar vor deiner Haustür.

Gesteinsschichten

Paläontologen haben in Utah (USA) Überreste von Meerestieren gefunden, die einst in einem Binnenmeer lebten.

Im Garten

Bei der Gartenarbeit stieß eine Frau in England auf dieses versteinerte Ammonitengehäuse, das 65 Mio. Jahre alt ist.

Können auch Kinder Fossilien finden?

Diego Suarez, ein 7-jähriger Junge aus Chile, entdeckte 2004 die Knochen eines seltsamen Dinos mit Schnabel, als er mit seinen Eltern in den Anden wanderte. Wissenschaftler nannten die neu entdeckte Art *Chilesaurus diegosuarezi*. Es ist unklar, mit wem Diegos Dinosaurier verwandt ist. Die Forscher glauben, dass er nur Pflanzen gefressen hat.

? Dino-Quiz

1. Wo liegt die „Jurassic Coast"?
2. Welchen Dino entdeckte Diego Suarez?
3. Wann entdeckte man in Kanada ein gut erhaltenes Nodosaurier-Fossil?

Die Antworten findest du auf S. 130–131.

Im Steinbruch

Ein Arbeiter entdeckte 2011 in Alberta (Kanada) eine sehr gut erhaltene Versteinerung eines Nodosauriers.

Am Strand

Bei Charmouth Beach in England gibt es viele Meerestier-Fossilien. Daher heißt die Küste auch „Jurassic Coast".

Wo liegen bekannte Fundstellen?

Dinosaurier hat es in der Urzeit überall gegeben. Ihre versteinerten Überreste wurden auf allen Kontinenten gefunden. Auch Fossilien von anderen Tieren und von Frühmenschen fand man in vielen Gegenden.

USA

In South Dakota in der Hell-Creek-Formation hat man jede Menge Fossilien gefunden. Dieser 66 Mio. Jahre alte Schädel eines *Triceratops* gehört dazu.

Argentinien

Im südlichen Argentinien fand man Fossilien von Titanosauriern, den größten Lebewesen, die je an Land gelebt haben.

Fossil von *Cryolophosaurus*

Antarktis

In der Antarktis war es früher viel wärmer und es gab zahlreiche Pflanzen und Tiere. Dort lebte im Jura *Cryolophosaurus*.

Deutschland

In Deutschland entdeckte man *Archäopteryx*, den berühmten Urvogel mit Federn.

Oviraptorosaurier-Eier

China

1992 fand ein Bauer in China vier Eier von Oviraptorosauriern. Man nannte die Art *Beibeilong sinensis*. Das bedeutet „Baby-Drache aus China".

Pliosaurier-Fossil

Australien

Überall auf dem Kontinent gibt es Fossilien von Ichthyosauriern und Plesiosauriern, die einst im Eromanga-Meer lebten.

Fossil eines Frühmenschen

Südafrika

In der Ausgrabungsstätte „Wiege der Menschheit" in Südafrika hat man die ältesten Fossilien von Menschen gefunden. 1947 entdeckte man hier einen 2,3 Mio. Jahre alten Schädel.

? Dino-Quiz

1. Hat man in der Antarktis Dino-Fossilien gefunden?
2. Wo fand man die ältesten Menschen-Fossilien?
3. Was bedeutet *Beibeilong sinensis*?

Die Antworten findest du auf S. 130–131.

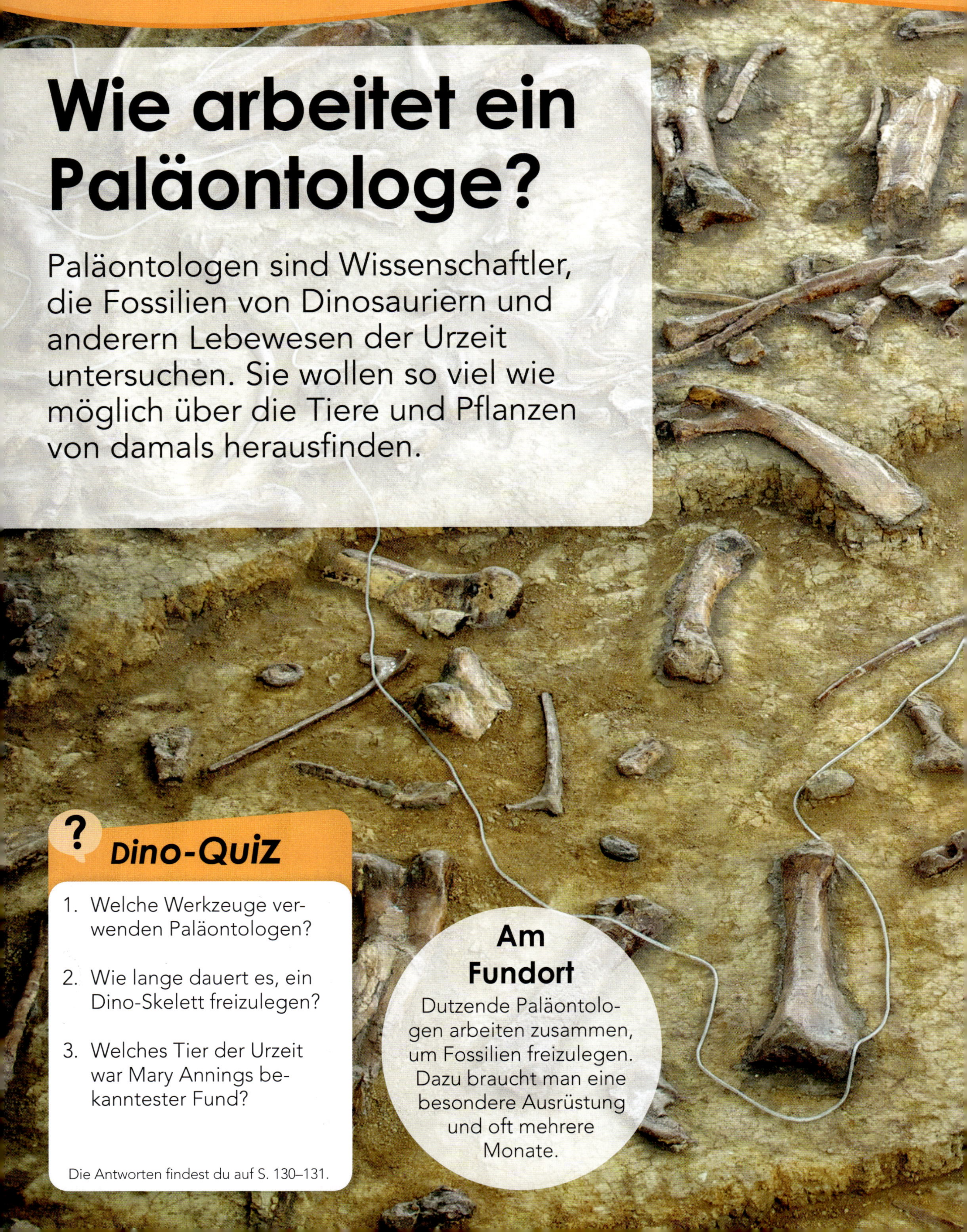

Wie arbeitet ein Paläontologe?

Paläontologen sind Wissenschaftler, die Fossilien von Dinosauriern und anderern Lebewesen der Urzeit untersuchen. Sie wollen so viel wie möglich über die Tiere und Pflanzen von damals herausfinden.

Dino-Quiz

1. Welche Werkzeuge verwenden Paläontologen?
2. Wie lange dauert es, ein Dino-Skelett freizulegen?
3. Welches Tier der Urzeit war Mary Annings bekanntester Fund?

Die Antworten findest du auf S. 130–131.

Am Fundort

Dutzende Paläontologen arbeiten zusammen, um Fossilien freizulegen. Dazu braucht man eine besondere Ausrüstung und oft mehrere Monate.

Werkzeuge

Paläontologen brauchen viele Werkzeuge, um die Fossilien sorgfältig freizulegen. Mit Bohrern und Meißeln werden sie aus dem Gestein der Umgebung herausgelöst. Mit Bürsten und Pinseln entfernt man den Schmutz.

Arbeitsgeräte

Bei der Arbeit

Paläontologen entfernen den Schmutz und das Gestein von den Fossilien. Dabei müssen sie sehr sorgfältig arbeiten.

Welche Paläontologen wurden berühmt?

Mary Anning

Mary Anning war eine der Ersten, die Fossilien suchten. Sie entdeckte die berühmten langhalsigen Plesiosaurier.

Georges Cuvier

Der französische Forscher zeigte, dass viele Arten ausgestorben sind und dass Flugsaurier fliegende Reptilien waren.

Jack Horner

Jack Horner entdeckte *Maiasaura*. Er wurde berühmt, als er im Film „Jurassic Park" Dinos zum Leben erweckte.

Freilegen

Mit großen Bohrern und feineren, kleinen Geräten können Wissenschaftler die Dino-Knochen freilegen. Sie ziehen einen Graben um die Knochen und packen sie in Gips, damit sie geschützt sind.

Transport

Die Paläontologen müssen die Dino-Knochen vorsichtig transportieren, um sie später im Labor untersuchen zu können. Manchmal ist dazu ein Kran nötig.

Reinigung

Paläontologen reinigen die Fossilien mit Bürsten, Pinseln, Stäbchen und besonderen Geräten, die kleinen Presslufthämmern ähneln.

Was geschieht mit den Dino-Knochen?

Von der Fundstätte bis zum fertig zusammengesetzten Skelett im Museum ist es ein weiter Weg. Dafür sind viele Schritte nötig, die manchmal ganz schön schwierig sind und mehrere Jahre dauern können.

Sind Fossilien wertvoll?

Giraffatitan

Dieses riesige Dinosaurier-Skelett im Museum für Naturkunde in Berlin ist unbezahlbar. Als man es zusammen mit anderen Fossilien in seiner Umgebung 2007 restauriert hat, kostete das 18 Mio. Euro.

Es dauerte sieben Jahre, bis das Skelett von Apatosaurus im Naturkundemuseum in New York (USA) fertig aufgebaut war.

Im Museum

Wenn alles fertig ist, können die Fossilien im Museum ausgestellt werden. Oft baut man sie so auf, wie das Tier im wirklichen Leben ausgesehen hat, beispielsweise, wenn es ein Beutetier angriff.

Reparatur

Mit Spezialkleber werden Knochen repariert und gefestigt. Fehlende Stücke werden mit Modelliermasse ergänzt oder in einem 3-D-Drucker angefertigt.

? Dino-Quiz

1. Mit welchen Werkzeugen legt man Fossilien frei?
2. Worin verpackt man Fossilien, um sie zu schützen?
3. Womit werden fehlende Skelettstücke ergänzt?

Die Antworten findest du auf S. 130–131.

Hinterließen die Dinosaurier Fußspuren?

Dinosaurier zogen im Mesozoikum umher und manche ihrer Fußspuren sind als Versteinerungen erhalten. An ihnen kann man sehen, ob ein Dino groß oder klein, schnell oder langsam war und ob er in einer Herde oder allein herumlief.

Herdenleben

Liegen viele ähnliche Spuren nah beieinander, war vermutlich eine ganze Dino-Herde unterwegs.

Dino-Fährten

Paläontologen untersuchen die Spuren ganz genau. Sie finden heraus, von welchen Dinos sie stammen, indem sie die Zehen und den Abstand zwischen den Spuren vermessen. Diese Spuren stammen wahrscheinlich von Theropoden.

Welche Dino-Fußspur ist die größte?

Die größte Fußspur, die man bisher gefunden hat, ist 1,7 m lang. Das entspricht ungefähr der Größe eines erwachsenen Mannes. Sie stammt von einem gewaltigen Sauropoden, der vor ungefähr 130 Mio. Jahren in Australien unterwegs war.

Dino-Quiz

1. Welche Form hatten Theropoden-Fußspuren?
2. Woran erkennt man, dass eine ganze Dino-Herde unterwegs war?
3. Von wem stammen große, rundliche Dino-Fußspuren?

Die Antworten findest du auf S. 130–131.

Abstand

Der Abstand zwischen zwei Spuren zeigt, wie ein Dino gelaufen ist und manchmal sogar, wie schnell er war.

Fußspuren

Ornithopoden hatten drei Zehen an jedem Fuß, sodass ein u-förmiger Abdruck entstand.

Sauropoden waren schwer und hinterließen tiefe, eher runde Abdrücke. Ihre Spuren sehen oft aus wie riesige Blasen.

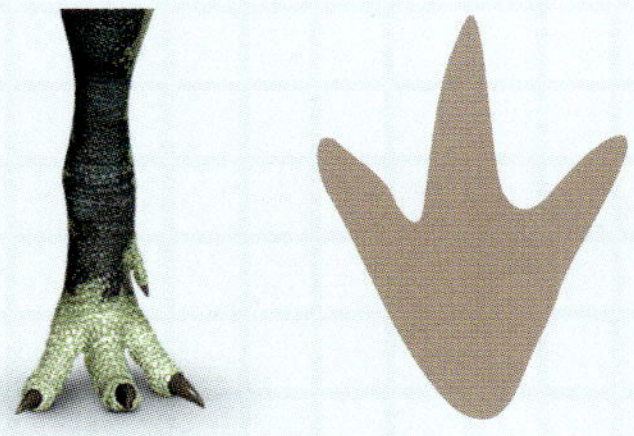

Theropoden hatten drei lange, schlanke Zehen mit spitzen Krallen. Sie hinterließen v-förmige Spuren.

Sind Vögel Dinos?

Ja! Vögel sind nah mit den Theropoden verwandt. Zu dieser Dinosauriergruppe gehörten *Deinonychus*, *Velociraptor* und *Microraptor*. Die Vögel entwickelten sich im Jura und sind die einzigen Dinos, die das Massenaussterben vor 66 Millionen Jahren überlebt haben.

Forscher untersuchen Vögel, um herauszufinden, wie sich die Dinos verhalten haben.

Hohle Knochen

Heute lebende Vögel haben hohle, leichte Knochen, die gut zum Fliegen sind. Auch bei Theropoden wie *Deinonychus* waren die Knochen hohl.

Vogelknochen mit Hohlräumen

Microraptor

Microraptoren waren fliegende Dinos, aber keine Vögel. Bei ihnen dienten wohl auch die Beine als Flügel.

Deinonychus

Dieser gefiederte Raubsaurier brachte die Forscher auf die Idee, dass Dinos Verwandte der heutigen Vögel waren.

Deinonychus trug Federn, konnte aber nicht fliegen.

? Dino-Quiz

1. Was fraß *Ichthyornis*?
2. Wie viele Flügel hatte *Microraptor*?
3. Gab es zur Zeit der Dinos schon Vögel?

Die Antworten findest du auf S.130–131.

Moderne Vögel

Nach dem Massenaussterben vor 66 Mio. Jahren entwickelten sich die Vögel zu den Herrschern der Lüfte.

Mit ihren kräftigen Schwungfedern können heutige Vögel auch gleiten und segeln.

Ara

Microraptor konnte wahrscheinlich kurze Strecken fliegen.

Confuciusornis hatte längere Schwungfedern als moderne Vögel.

Confuciusornis

Dieser krähengroße Vogel lebte vor etwa 125 Mio. Jahren in China.

Welche Urzeittiere hatten Schnäbel?

Ichthyornis

Dieser 90 Mio. Jahre alte Seevogel war ungefähr so groß wie eine Möwe. Er hatte spitze Zähne im Schnabel, mit denen er kleine, glitschige Fische fing.

Psittacosaurus

Diese „Papageien-Echse" hatte einen Schnabel, mit dem sie Pflanzenteile zerkleinerte. *Psittacosaurus* war kein Vogel, sondern ein Dinosaurier.

Was ist an Dino-Kot so spannend?

Nicht nur die Körperteile von Dinosauriern versteinerten, sondern auch ihr Kot. Diese Fossilien nennt man Koprolithen. Sie verraten uns, was die Dinos gefressen haben. Man hat Verschiedenes in Koprolithen gefunden, etwa Baumrinde, Samen, Knochenstücke und Muschelschalen.

Koprolith

Ein Koprolith bildet sich wie andere Fossilien. Kot wird von Sedimenten bedeckt und verwandelt sich im Lauf der Zeit zu Stein.

Pflanzen

Manchmal finden Wissenschaftler Baumrinde, Samen oder Pollen in Koprolithen. Daran erkennt man, dass ein Dinosaurier sich von Pflanzen ernährte.

Knochen

In Koprolithen von Fleischfressern sind Knochenstücke enthalten. Manchmal kann man sogar Bissspuren erkennen.

Findet man Koprolithen auch im Meer?

Ichthyosaurier

Ichthyosaurier verspeisten gern Belemniten, die mit den Tintenfischen verwandt waren. In einem Ichthyosaurier-Koprolithen steckten mehr als 200 Belemnitenschalen.

Meeresschildkröte

In diesem Kot einer Meeresschildkröte aus der Kreide sind Muscheln mit dünnen Schalen versteinert. Von Hai-Vorfahren stammen spiralförmige Koprolithen.

Der größte bisher gefundene Koprolith ist 44 cm lang. Er enthält Knochenstückchen und stammt wohl von einem T. Rex.

Parasiten

Auch Dinosaurier hatten Parasiten. Diese kleinen Tiere lebten in oder an ihrem Körper, wie z. B. Bandwürmer. Man hat Bandwurmeier in Koprolithen gefunden.

? Dino-Quiz

1. Wie nennt man versteinerten Dino-Kot auch?
2. Welchem Dino ordnen die Forscher den größten Koprolithen zu?
3. Was verrät der Dino-Kot den Wissenschaftlern?

Die Antworten findest du auf S. 130–131.

Lernen wir noch Neues über Dinos?

Ja! Etwa jeden zehnten Tag entdeckt ein Wissenschaftler eine neue Dino-Art. Heute gibt es spezielle Geräte wie Scanner und UV-Licht-Kameras, mit denen man neue Informationen aus den Fossilien gewinnen kann.

Laser machen verborgene Merkmale sichtbar, manchmal sogar die ursprüngliche Farbe eines Tiers.

Diesen 3-D-Scan des *Triceratops*-Schädels kann man von allen Seiten betrachten, wenn man das Modell am PC dreht.

3-D-Scan

Forscher setzen 3-D-Scanner ein, um Computermodelle von Fossilien anzufertigen, etwa von diesem *Triceratops*-Schädel. Sie können diese Modelle auch anderen Forschern auf der ganzen Welt schicken.

MRT

Mit Magnetresonanztomografen (MRT) kann man z. B. Stoffe erkennen, die früher Bestandteil des Dino-Körpers waren.

Hier ist ein MRT-Scan eines *Arcovenator*-Schädels zu sehen.

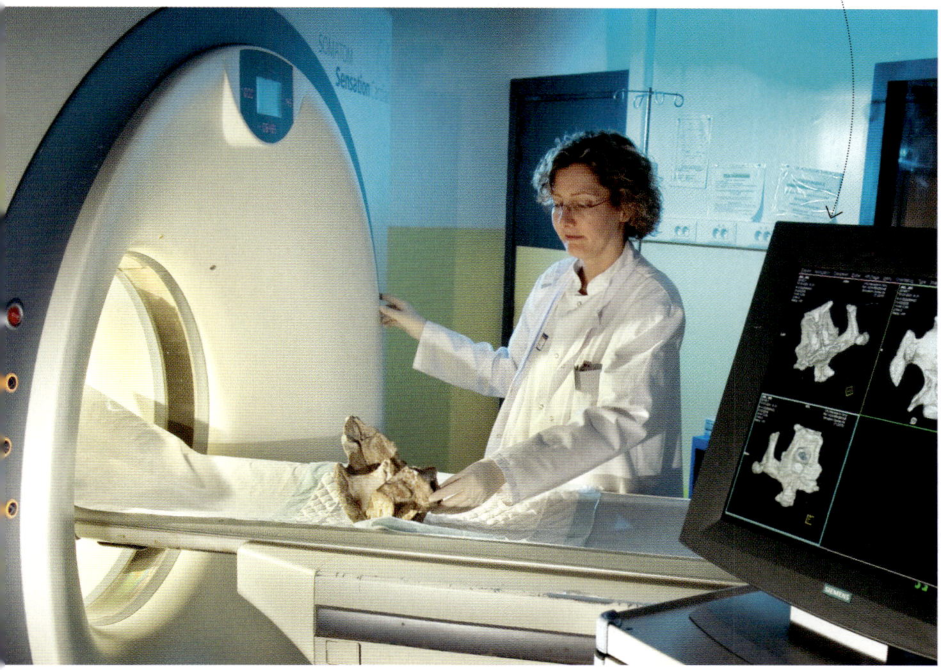

Ultraviolettes Licht

Im UV-Licht erkennt man Farbspuren in Fossilien. Daraus kann man schließen, wie das urzeitliche Tier damals vermutlich ausgesehen hat.

Die Schalen leuchten im UV-Licht, sodass Muster sichtbar werden.

Welche Dinos hat man erst vor Kurzem entdeckt?

Dracorex hogwartsia

Fans von Harry Potter nannten diesen Dino „Drachenkönig von Hogwarts". Man fand ihn in South Dakota (USA).

Mierasaurus

Dieser nordamerikanische Sauropode hatte Ahnen in Europa. In der Urzeit verband eine Landbrücke beide Erdteile miteinander.

? Stimmt das?

1. Wissenschaftler entdecken jedes Jahr höchstens eine neue Dino-Art.
2. Mit UV-Licht kann man Farben von Fossilien sichtbar machen.
3. *Mierasaurus* lebte in Australien.

Die Antworten findest du auf S. 130–131.

Antworten

Seite 9
1) Bei allen Dinos standen die Beine senkrecht unter dem Körper und ihre Jungen schlüpften aus Eiern. 2) Richard Owen. 3) Die Dinos waren Reptilien.

Seite 11
1) Vor 233 Mio. Jahren. 2) Vier. 3) Ein Meteorit schlug auf der Erde ein.

Seite 12
1) Pangäa. 2) In der Trias. 3) In der Kreide.

Seite 14
1) Ja. 2) Nein. 3) Nein, sie zogen auf der Suche nach Nahrung umher.

Seite 16
Zu den Sauropoden.

Seite 19
1) Falsch, die Dinosaurier lebten lange vor den ersten Menschen. 2) Stimmt. 3) Stimmt.

Seite 21
1) Kiefernsamen. 2) Es war wärmer als heute. 3) Sie enthielt weniger Sauerstoff und mehr Kohlendioxid als heute.

Seite 23
1) Ammoniten. 2) 5 Tonnen. 3) 75.

Seite 25
1) Stachlige Blätter. 2) Vor 360 Mio. Jahren. 3) Lebende Fossilien.

Seite 29
1) So lang wie zwei Schulbusse. 2) Zum Ausgraben von Insekten, zum Packen von Beute und zur Verteidigung. 3) Die Männchen.

Seite 31
1) Vor etwa 150 Mio. Jahren. 2) Die Federn schützen vor Hitze und Kälte.

Seite 32
1) Nein, sie waren kleiner als Hühner. 2) Das stimmt. 3) Das stimmt.

Seite 34
1) Vier Kammern. 2) Die Vögel. 3) 35,7 °C.

Seite 37
1) Unterhalb des Brustkorbs. 2) Nein. 3) Echsenbecken und Vogelbecken.

Seite 39
1) *Patagotitan*. 2) Wale. 3) Blätter.

Seite 41
An den Afrikanischen Strauß.

Seite 42
1) Er verteidigte sich damit gegen Feinde. 2) Ja, Platten auf den Augenlidern schützten die Augen. 3) Eine schwere Keule.

Seite 44
1) In Hörnern, Haaren und Fingernägeln. 2) Etwa 2 m lang. 3) Viele Tiere kämpfen mit Hörnern, z. B. Impalas und Hirsche.

Seite 47
1) 2009. 2) *Epidexipteryx*. 3) 1 cm lang.

Seite 49
1) Allesfresser. 2) Pflanzen. 3) Fleischfresser.

Seite 51
1) 25 cm dick. 2) Zum Beeindrucken von Partnern. 3) Vor allem Pflanzen, vielleicht auch Fleisch.

Seite 53
1) a. 2) Fleisch.

Seite 55
1) 60. 2) *Velociraptor*. 3) Nein, leichter.

Seite 57
1) Sauropoden wie *Diplodocus* und *Supersaurus*. 2) Zur Verteidigung. 3) *Sinosauropteryx*.

Seite 59
1) Nein, man fand sie in der Mongolei und in China. 2) Nein, die meisten Dinos vergruben ihre Eier. 3) Das stimmt.

Seite 60
1) c. 2) c.

Seite 64
1) Skleralring. 2) Fleisch. 3) Pflanzen.

Seite 66
1) Nein. 2) Die Stimmbänder. 3) Nein, wahrscheinlich nicht.

Seite 69
1) Krokodile, Alligatoren und Vögel. 2) 30 cm lang. 3) Nein.

Seite 71
1) *Cryolophosaurus*. 2) Nur die Männchen.

Seite 73
1) T. Rex. 2) Ein Segel. 3) Nein, sie lebten zu unterschiedlichen Zeiten an verschiedenen Orten.

Seite 75
1) Zum Fangen von Fischen. 2) Krokodile. 3) Ja.

Seite 77
1) Um nicht angegriffen zu werden. 2) Ein Rudel. 3) Sie können auch größere Beutetiere jagen.

Seite 79
1) Sie waren leicht und hohl. 2) Ja. 3) 10 m, wie ein Segelflugzeug.

Seite 81
1) Fleischfresser konnten das Maul weiter öffnen. 2) 17–40 km/h.

Seite 83
Troodon.

Seite 85
1) Das Tier ist oben dunkler als unten. 2) Grau, schwarz und weiß. 3) *Sinosauropteryx*.

Seite 87
1) Krähengroß. 2) Gleithörnchen und Flugdrachen. 3) In China.

Seite 89
1) Das stimmt. 2) Nein, es bedeutet „sanft schlummernder Drache“. 3) Nein, 2004.

Seite 91
1) Nein, mit dem Geruchssinn. 2) Das stimmt. 3) Das stimmt.

Seite 93
1) In der Wüste Gobi. 2) Man zählt die Ringe eines Dino-Knochens. 3) 1,8 m lang.

Seite 95
1) Ja. 2) Wie Rasiermesser. 3) *Allosaurus*.

Seite 99
1) Vor 66 Mio. Jahren. 2) Die meisten starben aus. 3) Weil sie keine Beute mehr fanden.

Seite 101
1) Auf der Halbinsel Yucatán in Mexiko. 2) Mehr als 480 km weit. 3) Es könnte auf der Erde wärmer oder kälter geworden sein.

Seite 102
1) Ja. 2) Die Vögel. 3) Ja, einige Fische überlebten.

Seite 104
1) Nein, *Triceratops* lebte in der Nähe des Meteoriteneinschlags. Deshalb ist er wohl vor *Therizinosaurus* ausgestorben. 2) Das stimmt. 3) Nein, in Mexiko.

Seite 106
1) Nein, ein Pflanzenfresser. 2) Das stimmt. 3) Nein, die Dinos waren schon lange vor den ersten Menschen ausgestorben.

Seite 111
1) Ja. 2) 1824. 3) Versteinerung von Fußspuren oder Kot.

Seite 113
1) a. 2) c.

Seite 115
1) In England. 2) *Chilesaurus diegosuarezi*. 3) 2011.

Seite 117
1) Ja. 2) In der „Wiege der Menschheit“ in Südafrika. 3) „Baby-Drache aus China“.

Seite 118
1) Meißel, Hammer und Pinsel. 2) Oft mehrere Monate. 3) Ein Plesiosaurier.

Seite 121
1) Mit Bohrern und feineren Geräten. 2) Gips. 3) Mit Modelliermasse.

Seite 123
1) Sie waren v-förmig. 2) An vielen ähnlichen versteinerten Fußabdrücken. 3) Von Sauropoden.

Seite 125
1) Fische. 2) Vier. 3) Ja.

Seite 127
1) Koprolithen. 2) T. Rex. 3) Was die Tiere fraßen.

Seite 129
1) Nein, ungefähr alle zehn Tage finden Forscher eine neue Art. 2) Das stimmt. 3) Nein, er lebte in Nordamerika.

Weißt du das?

Wer weiß am meisten über Dinosaurier? Teste dich, deine Freunde und deine Familie. Die Antworten findest du auf S.134–135.

Fragen

1. Wie hieß der **höchste Dinosaurier**?

5. Wie lang ist der **größte Dino-Koprolith** (versteinerter Kot)?

8. Welcher Dino brüllte **am lautesten**?

10. Wie weit **wanderten Dinos**?

2. Bauten Dinos **Nester**?

3. Wie nennt man die **Wissenschaftler**, die das Leben der Urzeit erforschten?

4. Wo lebten die **Dinosaurier**?

6. Hatte *Triceratops* die **längsten Hörner**?

7. Trafen sich Dinos und Mammuts?

9. Kämpften Dinos miteinander?

11. Wie nennt man Dinos, die nur **Tiere fraßen**?

13. Auf wie vielen **Beinen** liefen Dinos?

14. Waren die **Dinos bunt**?

12. Welcher Dino hinterließ **riesige Fußabdrücke**?

15. Von welchem Dino stammt **das erste Fossil**?

Antworten

1. Sauroposeidon, er war etwa **18,5 m hoch.**

8. **Keiner.** Vermutlich konnte *Tyranno-saurus* aber sehr laut grollen.

7. **Nein**, sie lebten zu verschiedenen Zeiten.

9. **Ja! Raubsaurier jagten andere Dinos** und wahrscheinlich kämpften viele Dinos auch mit ihren Artgenossen.

2. **Ja.**

3. **Paläontologen**

4. Dinosaurier lebten **auf der ganzen Erde** in verschiedenen Lebensräumen wie **Sümpfen, Wäldern, Ebenen oder auch Wüsten**.

5. **44 cm lang.**

6. Nein. Triceratops hatte zwar lange Hörner, aber die von ***Coahuilaceratops*** waren wohl noch länger: **1,2 m**!

10. **Sauropoden** wie *Camarasaurus* wanderten jedes Jahr Hunderte Kilometer weit.

11. **Fleischfresser**

12. Die Spuren eines unbekannten **Sauropoden** sind **1,7 m lang**.

13. Manche auf den **Hinterbeinen**, andere auf **allen vieren**.

14. **Man weiß es nicht sicher.** Viele Forscher glauben aber, dass sie bunt waren, denn die Vögel, ihre Nachfahren, sind es auch.

15. **Megalosaurus**

Deutsche Namen

Die meisten Namen der Dinosaurier und Urzeittiere kommen aus dem Griechischen oder dem Lateinischen. Hier kannst du nachlesen, was sie auf Deutsch bedeuten.

A

Acrotholus	Hohe Kuppel
Arcovenator	Jäger aus dem Arco-Becken
Albertonectes	Schwimmer aus Alberta
Albertosaurus	Echse aus Alberta
Allosaurus	Andersartige Echse
Alxasaurus	Echse aus Alxa
Anchiornis	Nahe einem Vogel
Ankylosaurus	Gekrümmte Echse
Apatosaurus	Täuschende Echse
Archäopteryx	Alter Flügel
Argentinosaurus	Echse aus Argentinien

B

Baryonyx	Schwere Kralle
Beibeilong sinensis	Baby-Drache aus China
Brachiosaurus	Armechse

C

Camarasaurus	Gekammerte Echse
Carnotaurus	Fleischfressender Stier
Caudipteryx	Schwanzfeder
Chilesaurus	Echse aus Chile
Citipati	Herr des Scheiterhaufens
Coelophysis	Hohle Form
Compsognathus	Eleganter Kiefer
Confuciusornis	Konfuzius-Vogel
Corythosaurus	Helmechse
Cryolophosaurus	Echse mit gefrorenem Kamm

D

Deinonychus	Schreckliche Kralle
Dimetrodon	Zwei Maße von Zähnen
Diplodocus	Doppelter Balken
Dracorex	Drachenkönig
Dreadnoughtus	der Furchtlose

E

Edmontosaurus	Echse aus Edmonton
Elasmosaurus	Plattenechse
Eoraptor	Jäger der Morgenröte
Epidexipteryx	Der die Federn zeigt
Erlikosaurus	Erliks Echse
Euoplocephalus	Gut gepanzerter Kopf

G

Gallimimus	Hahn-Nachahmer
Giganotosaurus	Riesige Süd-Echse
Giraffatitan	Titan-Giraffe
Guanlong	Gekrönter Drache

H

Hadrosaurus	Massige Echse
Halszkaraptor	Halszkas Räuber
Herrerasaurus	Herreras Echse (nach seinem Finder Victorino Herrera)

I

Ichthyornis	Fischvogel
Ichthyosaurus	Fischechse
Iguanodon	Leguanzahn
Isanosaurus	Echse aus Isan

K

Kentrosaurus	Stachlige Echse
Kosmoceratops	Geschmücktes Horngesicht

L

Limaysaurus	Echse des Limay
Linhenykus	Kralle aus Linhe
Liopleurodon	Glatte-Seiten-Zahn
Lystrosaurus	Schaufel-Echse

M

Magyarosaurus	Echse aus Ungarn
Maiasaura	Gute-Mutter-Echse
Megalosaurus	Große Echse
Mei long	Sanft schlummernder Drache
Microraptor	Kleiner Jäger
Mierasaurus	Mieras Echse
Moros intrepidus	Vorbote des Schicksals
Mosasaurus	Echse von der Maas
Muttaburrasaurus	Echse aus Muttaburra

O

Ornithomimus	Vogelnachahmer
Ouranosaurus	Wüstenwaran-Echse
Oviraptor	Eierdieb

P

Pachycephalosaurus	Dickkopfechse
Parasaurolophus	Fast eine Kammechse
Patagotitan	Titan aus Patagonien
Pentaceratops	Fünfhorngesicht
Plateosaurus	Breite Echse
Protoceratops	Erstes Horngesicht
Psittacosaurus	Papageien-Echse
Pteranodon	Zahnloser Flügel

S

Sauroposeidon	Echse des Erdbebengotts
Shunosaurus	Echse von Sichuan
Sinosauropteryx	Chinesische Federechse
Spinophorosaurus	Stacheltragende Echse
Spinosaurus	Stachelechse
Stegosaurus	Dachechse
Struthiomimus	Straußnachahmer
Stygimoloch	Dämon vom Fluss Styx
Styracosaurus	Stachelechse
Suchomimus	Krokodilnachahmer

T

Tarbosaurus	Furchterregende Echse
Therizinosaurus	Sensenechse
Triceratops	Dreihorngesicht
Tupandactylus	Finger des Donnergotts
Tyrannosaurus	Tyrannenechse

U

Uberabatitan	Titan aus Uberaba
Uintatherium	Bestie aus den Uinta-Bergen

V

Velociraptor	Schneller Räuber

Y

Yi qi	Ungewöhnlicher Flügel

Glossar

Aasfresser
Ein Tier, das sich von Tieren ernährt, die bereits tot sind.

Allesfresser
Ein Tier, das sowohl Fleisch als auch Pflanzen frisst.

Ammoniten
Diese Verwandten der Tintenfische lebten im Mesozoikum in den Meeren. Sie besaßen eine spiralförmige Schale, die oft versteinert erhalten ist.

Amphibien
Die Jungen (Larven) dieser gleichwarmen Tiere entwickeln sich oft im Wasser. Die erwachsenen Tiere leben an Land.

Art
Eine Gruppe von Tieren oder Pflanzen, die ähnliche Merkmale haben und sich miteinander fortpflanzen können.

Aussterben
So nennt man es, wenn eine Tier- oder Pflanzenart für immer von der Erde verschwindet ist.

Beutetier
Ein Tier, das von einem anderen Tier gejagt und gefressen wird.

Ceratopsier
Diese Dinosaurier fraßen Pflanzen und liefen auf vier Beinen. Sie besaßen Hörner und Schnäbel und lebten im Jura und in der Kreide.

Dinosaurier
Die vorherrschenden Landtiere, die im Mesozoikum auf der Erde lebten.

Fährten
So bezeichnet man Fußspuren, die ein Tier beim Laufen hinterlassen hat.

Fleischfresser
Ein Tier, das sich nur oder hauptsächlich von Fleisch ernährt.

Flugsaurier
Fliegende Reptilien, die im Mesozoikum lebten.

Fossilien
Überreste, Spuren oder Abdrücke von Pflanzen oder Tieren, beispielsweise von Dinosauriern, die im Lauf der Zeit versteinert sind.

Hadrosaurier
Diese Dinos trugen Schnäbel und manchmal Kämme auf dem Kopf. Sie lebten in der Kreide.

Herde
Eine Gruppe von Tieren, die gemeinsam leben und umherwandern. Auch manche Dinos lebten in Herden.

Ichthyosaurier
Diese Reptilien ähnelten den heutigen Delfinen und lebten im Mesozoikum in den Meeren.

Jura
Die zweite Periode des Mesozoikums. Sie begann vor 200 Mio. Jahren und endete vor 145 Mio. Jahren.

Klima
Das Wetter und die Temperaturen an einem bestimmten Ort oder in einem bestimmten Zeitraum.

Koprolith
Der Kot eins Tiers, der im Lauf von Jahrmillionen versteinert ist.

Kreide
Die letzte Periode des Mesozoikums vor 145 bis 66 Mio. Jahren.

Lebensraum
Die natürliche Umgebung eines Tiers oder einer Pflanze.

Marginocephalier
Eine der Dino-Hauptgruppen. Zu ihnen zählen Pflanzenfresser mit harten Schädeln, Hörnern und Schilden.

Mesozoikum
Auch Erdmittelalter genannt. Es wird in die Perioden Trias, Jura und Kreide eingeteilt.

Meteorit
Ein großer Brocken aus Gestein oder Metall aus dem Weltall, der auf der Erde einschlägt.

Mosasaurier
Diese Meeresreptilien konnten sehr groß werden und jagten ihre Beute mit ihren spitzen Zähnen.

Nahrungskette
Gruppe von Lebewesen, die voneinander abhängen. Das Tier an der Spitze der Kette frisst das an zweiter Stelle. Das zweite Tier ernährt sich von den Tieren oder Pflanzen an dritter Stelle usw.

Ornithopoden
Gruppe von pflanzenfressenden Dinosauriern.

Paläontologe
Ein Wissenschaftler, der Fossilien untersucht, um die Geschichte des Lebens auf der Erde besser zu verstehen.

Pangäa
So hieß der gewaltige Superkontinent, der vor 335 bis 175 Mio. Jahren auf der Erde existierte.

Pflanzenfresser
Ein Tier, das sich nur von Pflanzen ernährt.

Plesiosaurier
Diese Meeresreptilien mit sehr langen Hälsen lebten im Mesozoikum.

Räuber
Ein Tier, das andere Tiere jagt und tötet, um sich von ihnen zu ernähren.

Reptilien
Diese Tiere laufen auf allen vieren und legen Eier. Die meisten verbringen ihr gesamtes Leben an Land, anders als die Amphibien. Zu dieser Gruppe gehören die Eidechsen, Krokodile und Schlangen.

Revier
Ein Gebiet, das ein Tier für sich beansprucht und gegen andere Tiere verteidigt.

Säugetiere
Eine Gruppe gleichwarmer Tiere mit einem Fell oder Haaren. Hunde, Bären und Menschen sind z. B. Säugetiere.

Sauropodomorphe
Diese pflanzenfressenden Dinosaurier liefen auf vier Beinen und hatten lange Hälse. Sie lebten in der Trias, im Jura und in der Kreide.

Skelett
Ein Gerüst aus Knochen, das den Körper eines Tieres stützt und die Bewegungen ermöglicht.

Stegosaurier
Pflanzenfressende Dinos, die auf allen vieren liefen und Platten oder Stacheln auf dem Rücken trugen. Sie lebten im Jura und in der Kreide.

Tarnung
Muster und Farben von Haut, Federn oder Fell, mit denen ein Tier in seiner natürlichen Umgebung kaum zu entdecken ist.

Theropoden
Eine Gruppe fleischfressender Dinos, die auf ihren Hinterbeinen liefen. Sie lebten in der Trias, im Jura und in der Kreide.

Thyreophoren
Pflanzenfressende Dinosaurier, die auf allen vieren liefen und oft einen Panzer aus Knochenplatten und Stacheln trugen. Zu dieser Gruppe zählen die Ankylosaurier.

Trias
Die erste Periode des Mesozoikums vor 251 bis 200 Mio. Jahren.

Umwelt
Die natürliche Umgebung von Lebewesen.

Urzeit
In dieser Zeit gab es noch keine Menschen auf der Erde.

Versteinerung
Bei diesem Vorgang, der sehr lange dauert, wird eine Pflanze oder ein Tier zu einem Fossil.

Vulkanausbruch
Bei einem Vulkanausbruch werden Lava und manchmal auch Asche und Gesteinsbrocken mit hohem Druck aus dem Vulkan geschleudert. Manchmal strömt die Lava auch mit hoher Geschwindigkeit aus dem Vulkan heraus.

Waffen
Natürliche Merkmale, mit denen ein Tier sich zur Wehr setzen kann, etwa Hörner, Stacheln oder eine Knochenkeule am Schwanz.

Wirbel
Diese Knochen bilden die Wirbelsäule eines Tiers oder eines Menschen.

Register

G

H

I

J

K

L

M

Dank und Bildnachweis

Dorling Kindersley dankt: Helen Peters für das Register, Abi Luscombe, Seeta Parmar, Becky Walsh und Sam Priddy für die Lektoratsassistenz; Emma Hobson, Fiona Macdonald, Elle Ward, Rashika Kachroo und Kartik Gera für die Mitarbeit am Design sowie Ashok Kumar und Nityanand Kumar für technische Unterstützung.

Smithsonian Enterprises
Fachliche Beratung Matthew T. Miller, Abteilung für Paläobiologie, Smithsonian National Museum of Natural History
Produktentwicklungsleitung Kealy Gordon
Licensingleitung Ellen Nanney
Licensingdirektorin Jill Corcoran
Vizepräsidentin, Konsum- und Bildungsgüter Brigid Ferraro
Präsidentin Carol LeBlanc

Der Verlag dankt folgenden Personen und Organisationen für die freundliche Genehmigung zum Abdruck von Fotos:

(Abkürzungen: o=oben, u=unten, m=Mitte, g=ganz, l=links, r=rechts, Hg=Hintergrund)

1 Dorling Kindersley: Dan Crisp (um). **2 Dorling Kindersley**: Jon Hughes (ur). **3 Alamy Stock Photo**: Jim Lane (ur). **Dorling Kindersley**: Dan Crisp (mro, um). **4 Dorling Kindersley**: Dan Crisp (mro). **5 Science Photo Library**: Mikkel Juul Jensen (mu). **6 Alamy Stock Photo**: Stocktrek Images, Inc. (u). **7 Dorling Kindersley**: Simon Mumford / Colorado Plateau Geosystems Inc. (mo). **8–9 Getty Images**: Mark Wilson / Newsmakers. **10 123RF.com**: Leonello Calvetti (mr). **Alamy Stock Photo**: Leonello Calvetti (ur); Corey Ford (mgr). **Dreamstime.com**: Leonello Calvetti (mlu); Corey A. Ford (gor). **11 123RF.com**: Mark Turner (m). **Alamy Stock Photo**: Corey Ford (gom); Mark Turner (mo); Stocktrek Images, Inc. (mo/*Chiniquodon*). **Dreamstime.com**: Anphotos (ul); Nicolas Fernandez (m/*Megazostrodon*, ur); Mr1805 (um). **12 Dorling Kindersley**: Dan Crisp (mro, mru); Simon Mumford/ Colorado Plateau Geosystems Inc. (m, mr). **13 Dorling Kindersley**: Dan Crisp (mlu, mo, mu, mru); Simon Mumford / Colorado Plateau Geosystems Inc. (ml, m, mr). **16 Alamy Stock Photo**: MasPix (mru); **Science Photo Library** (mlu). **Getty Images**: Yuriy Priymak / Stocktrek Images (mr). **16–17 iStockphoto.com**: Dottedhippo (go). **17 Alamy Stock Photo**: Stocktrek Images, Inc. (ml). **Science Photo Library**: Roger Harris (mlu). **18 Dreamstime.com**: Adambowers (m); Elena Gladkaya (mr); Sippapas (mugl); Vaeenma (mogr, ul); Peter Minister und Andrew Kerr / Xunbin Pan (mru). **18–19 Dorling Kindersley**: Simon Mumford / Colorado Plateau Geosystems Inc. (u). **19 123RF.com**: Leonello Calvetti (gol); Corey A. Ford (mlo); Mark Turner (mu). **Alamy Stock Photo**: Stocktrek Images, Inc. (mo). **Dreamstime.com**: Elena Gladkaya (mogl, m, m/Bäume, um/Wald, mru); Mark Turner (mro). **20 Alamy Stock Photo**: Age Fotostock (mlu). **Dreamstime.com**: Iskandarov (ul); Markit (mlu/ Schachtelhalme). **20–21 Alamy Stock Photo**: MBI (u). James Kuether. **21 Getty Images**: Emily Willoughby / Stocktrek Images (mru). **22 Alamy Stock Photo**: MasPix (mo/*Ichthyosaurus*). **Dreamstime.com**: Paul Fleet (mlo); Andreas Meyer (r). **Science Photo Library**: Jaime Chirinos (om). **23 123RF.com**: Michael Rosskothen (mlo). **Dorling Kindersley**: Jon Hughes (m). **24 Dreamstime.com**: Yujie Chen (gor). **24–25 Dreamstime.com**: Carlos Restrepo (u). **25 Dorling Kindersley**: Natural History Museum, London (mo); Oxford Museum of Natural History (mro). **Dreamstime.com**: Radu Borcoman / Radukan (mr). **26 Alamy Stock Photo**: AGF Srl (mlo); Mohamad Haghani (u). **27 Alamy Stock Photo**: MasPix (go). **28 Dorling Kindersley**: Jon Hughes (mru). **Dreamstime.com**: Mr1805 (ul). **iStockphoto.com**: Warpaintcobra (go). **29 Alamy Stock Photo**: Dan Barbatala (mr). **30 Dorling Kindersley**: Senckenberg Naturmuseum. **31 Dreamstime.com**: Gorshkov13 (mo); Martin Pelanek (mlo); Ondrej Prosický (mro). **32 Dreamstime.com**: Mr1805 (mlu). **32–33 Dreamstime.com**: Leonello Calvetti (mu). **33 123RF.com**: Michael Rosskothen (mlo). **35 123RF.com**: Michael Rosskothen (mru). **Dreamstime.com**: Mr1805 (mr). **36 Dorling Kindersley**: Dan Crisp (mu, um). **36–37 Dreamstime.com**: Leonello Calvetti. **37 123RF.com**: Mark Turner (mro). **38–39 Alamy Stock Photo**: Mohamad Haghani. **39 Dreamstime.com**: Mr1805 (mlo). **40–41 Alamy Stock Photo**: Stocktrek Images, Inc. **41 123RF.com**: Alexis Bélec (mro). **42–43 Alamy Stock Photo**: MasPix. **43 Alamy Stock Photo**: Fresh Start Images (mru). **44–45 James Kuether**: (u). **44 Science Photo Library**: Susumu Nishinaga (mro). **45 Alamy Stock Photo**: Jean-Fr@Ncois Ducasse (mlo); RooM the Agency (mo). **47 Alamy Stock Photo**: Steve Vidler (mo). **48 Getty Images**: Mohamad Haghani / Stocktrek Images (ul). **48–49 Alamy Stock Photo**: Stocktrek Images, Inc. (u). **49 Alamy Stock Photo**: Mohamad Haghani (ur). **Science Photo Library**: Laurie O'Keefe (mo). **50 Alamy Stock Photo**: Jim Lane (go). **51 Alamy Stock Photo**: Stocktrek Images, Inc. (mro). **Dorling Kindersley**: James Kuether (mro/Stygimoloch). **James Kuether**: (u). **52–53 Alamy Stock Photo**: Mohamad Haghani. **iStockphoto.com**: OlgaPtashko (Hintergrund). **52 Alamy Stock Photo**: Corbin17 (mru). **53 Friends of North Carolina Museum of Natural Sciences**: Jorge Gonzalez (mr). **Science Photo Library**: Jose Antonio Penas (mro). **54–55 Alamy Stock Photo**: AGF Srl. **55 Alamy Stock Photo**: Stocktrek Images, Inc. (ul). **56 Alamy Stock Photo**: Friedrich Saurer (ul). **Dorling Kindersley**: Jon Hughes (mu). **iStockphoto.com**: Elenarts (mlu). **56–57 iStockphoto.com**: CoreyFord (u). **57 Getty Images**: Feature China / Barcroft Images / Barcroft Media (mlo); Mohamad Haghani / Stocktrek Images (mr). **iStockphoto.com**: Leonello (ur). **58 Alamy Stock Photo**: Natural Visions (mu). **Dorling Kindersley**: Dorset Dinosaur Museum (mlu). **Dreamstime.com**: Sergeyoch (mugl). **58–59 123RF.com**: Oleg Palii (u). **Dorling Kindersley**: Dorset Dinosaur Museum (mu). **59 Alamy Stock Photo**: World History Archive (mu). **Dorling Kindersley**: Natural History Museum, London (mru). **Dreamstime.com**: Skypixel (mlu). **James Kuether**: (mo). **Science Photo Library**: Dirk Wiersma (mlo). **60 Dreamstime.com**: Dragoneye (mru). **61 Alamy Stock Photo**: Q-Images (mlo); Stocktrek Images, Inc. (mro). **Dreamstime.com**: Paulus Rusyanto (m). **Getty Images**: Nobumichi Tamura / Stocktrek Images (mru); Sergey Krasovskiy (mr). **62 Alamy Stock Photo**: Mohamad Haghani (ur); Stocktrek Images, Inc. (ml). **64 Alamy Stock Photo**: Stocktrek Images, Inc. (mr). **64–65 Alamy Stock Photo**: Corey Ford (mo). **65 Dreamstime.com**: Andrey Armyagov (ml); Corey A. Ford (mlu); Zepherwind (mro). **66 Dreamstime.com**: Sebastian Kaulitzki (gol). **67 Alamy Stock Photo**: Ian Dagnall (ur). **68 Alamy Stock Photo**: Science History Images (mro). **71 Dorling Kindersley**: Jon Hughes (um). **Dreamstime.com**: Shawn Hempel (mro). **72 Alamy Stock Photo**: Leonello Calvetti (u). **73 Getty Images**: Sciepro (u). **74 Dorling Kindersley**: Peter Minister (mlu). **74–75 Alamy Stock Photo**: Stocktrek Images, Inc. **76–77 Alamy Stock Photo**: Corey Ford. **77 123RF.com**: Thomas Samantzis (mlo). **Dreamstime.com**: Karin Van Ijzendoorn (mo). **78 Alamy Stock Photo**: Stocktrek Images, Inc. (mu); YAY Media AS (ml). **78–79 Alamy Stock Photo**: Stocktrek Images, Inc. **79 Alamy Stock Photo**: Hans Winke (mro). **82 Science Photo Library**: Millard H. Sharp / Science Source (mo). **83 Alamy Stock Photo**: Leonello Calvetti (l). **84–85 Dreamstime.com**: Janina Kubik. **85 Alamy Stock Photo**: National Geographic Image Collection (um). **86 Alamy Stock Photo**: Avalon / Photoshot License (mlu); Nature Picture Library (mu). **86–87 Alamy Stock Photo**: Mohamad Haghani. **88 Alamy Stock Photo**: Electra Kay-Smith (ml). **90 Alamy Stock Photo**: Orlando Florin Rosu (m). **92–93 Alamy Stock Photo**: Zoonar GmbH (Hintergrund). **93 Alamy Stock Photo**: Steve Vidler (gor). **94–95 James Kuether**. **94 Alamy Stock Photo**: Dan Barbatala (ur). **Dreamstime.com**: Mark Turner (um). **95 Alamy Stock Photo**: Independent Picture Service (mo). **96 Science Photo Library**: Mikkel Juul Jensen (u). **97 Getty Images**: Corey Ford / Stocktrek Images (mo). **98–99 Science Photo Library**: Mikkel Juul Jensen. **100–101 Getty Images**: Corey Ford / Stocktrek Images. **100 Alamy Stock Photo**: Dylan Garcia Photography (ul). **102 Alamy Stock Photo**: Dpa Picture Alliance Archive (mr). **Dreamstime.com**: Duelunemania (mru). **102–103 Dreamstime.com**: Erllre (go). **103 Alamy Stock Photo**: Nature Picture Library (mlu). Avalon: Phil Skinner / Atlanta Journal-Constitution / MCT (mru). **Dreamstime.com**: William Wise (ml). **Science Photo Library**: Roman Uchytel (mru/*Hyaenodon horridus*). **104 Alamy Stock Photo**: MasPix (mlo). **104–105 Alamy Stock Photo**: Mark Turner (go). **105 Alamy Stock Photo**: Kostyantyn Ivanyshen (ul); Stocktrek Images, Inc. (mr). **Dreamstime.com**: Linda Bucklin (um). **106–107 123RF.com**: Zhudifeng. **107 Dreamstime.com**: Iulianna Est (mlo); Peter Wollinga (mo). **108 Alamy Stock Photo**: Lou Linwei. **109 Science Photo Library**: Philippe Psaila (mo). **110 Alamy Stock Photo**: Rana Royalty free (ml). **110–111 Dreamstime.com**: Bjornforenius (u). **111 Dorling Kindersley**: Oxford University Museum of Natural History (mlo); Natural History Museum, London (ml); Dorset Dinosaur Museum (mr). **Dreamstime.com**: Anetlanda (mu). **113 Alamy Stock Photo**: National Geographic Image Collection (mro). **114 Dorling Kindersley**: Natural History Museum (mro). **Dreamstime.com**: Radomir Tarasov (ul). **iStockphoto.com**: Bobbushphoto (ur). **115 Alamy Stock Photo**: James Osmond Photography (ur); National Geographic Image Collection (ml); Christopher Jones (m). **Getty Images**: Ben Nelms / Bloomberg (ul). **116 Alamy Stock Photo**: i creative (m). **Getty Images**: Kazuhiro Nogi / AFP (ul). **117 Alamy Stock Photo**: NDK (mr); Martin Shields (mo). **Dreamstime.com**: Jaroslav Moravcik (ul). **118–119 Alamy Stock Photo**: Lou Linwei. **119 Alamy Stock Photo**: GL Archive (mro); North Wind Picture Archives (mr); Oscar Gonzalez / WENN.com (mru). **Dorling Kindersley**: Natural History Museum, London (gom). **120 Alamy Stock Photo**: AB Forces News Collection (mro); imageBROKER (ul). **Getty Images**: STR / AFP (mlo). **120–121 Getty Images**: Jean-Marc Giboux / Liaison (um). **121 Getty Images**: James Leynse / Corbis (go). **Rex by Shutterstock**: Florian Wieser / EPA-EFE (mlu). **122 University of Queensland**: Steven W. Salisbury / Anthony Romilio (ul). **122–123 Alamy Stock Photo**: Tom Bean. **123 Dorling Kindersley**: James Kuether (mru). **124 Getty Images**: Emily Willoughby / Stocktrek Images (u). **125 123RF.com**: Andrejs Pidjass / NejroN (gor). **Getty Images**: Sergey Krasovskiy (ml). **Science Photo Library**: Matteis / Look At Sciences (ul). **126–127 Alamy Stock Photo**: Rosanne Tackaberry (m). **126 Dorling Kindersley**: Natural History Museum, London (ur). **Dreamstime.com**: Vaclav Volrab (mlu). **127 Alamy Stock Photo**: www.pqpictures.co.uk (mlu). **Dorling Kindersley**: Dorset Dinosaur Museum (mlo). **iStockphoto.com**: wwing (mo). **128 Science Photo Library**: Pascal Goetgheluck (ur); Smithsonian Institute (ml). **129 Alamy Stock Photo**: Corey Ford (mr); Panther Media GmbH (mro). **iStockphoto.com**: Hekakoskinen (mlu, um). **Science Photo Library**: Philippe Psaila (mlo). **130 123RF.com**: Andrejs Pidjass / NejroN (mru). **Dorling Kindersley**: Natural History Museum, London (ul). **Dreamstime.com**: Janina Kubik (ur). **132–133 iStockphoto.com**: OlgaPtashko (Hintergrund). **James Kuether**: (um). **132 Alamy Stock Photo**: Corey Ford (mr); Mohamad Haghani (ml); Rosanne Tackaberry (mro). **133 123RF.com**: Andrejs Pidjass / NejroN (mr). **Dorling Kindersley**: Royal British Columbia Museum, Victoria, Kanada (mo). **Science Photo Library**: Dirk Wiersma (mlo). **134–135 123RF.com**: Zhudifeng (Hintergrund). **Alamy Stock Photo**: Stocktrek Images, Inc. (um). **134 Alamy Stock Photo**: Mark Turner (mro). **135 123RF.com**: Corey A. Ford (mu). **Alamy Stock Photo**: Corey Ford (mro); GL Archive (mlo). **137 Alamy Stock Photo**: Mohamad Haghani (ur). **141 Dreamstime.com**: Anetlanda (mlo). **142 123RF.com**: Oleg Palii (u).

Vorsatz: *Vorn*: **123RF.com**: Corey A. Ford mro, Corey A. Ford mo; **Alamy Stock Photo**: Andrey Burmakin ul (Hintergrund), Mohamad Haghani ugl, Stocktrek Images, Inc. um; **Dorling Kindersley**: Dan Crisp mogr, mgr, Andrew Kerr ul, Natural History Museum, London ur; **Unsplash**: Francesco Ungaro mr. *Hinten*: **123RF.com**: Corey A. Ford mro, Corey A. Ford mo; **Alamy Stock Photo**: Andrey Burmakin ul (Hintergrund), Mohamad Haghani ugl, Stocktrek Images, Inc. um; **Dorling Kindersley**: Dan Crisp mogr, mgr, Andrew Kerr ul, Natural History Museum, London ur; **Unsplash**: Francesco Ungaro mr.

Cover: *Vorn*: **123RF.com**: Corey A. Ford mo, Corey A. Ford mlo; **Dorling Kindersley**: Dan Crisp mro, mr; **Unsplash**: Francesco Ungaro m. *Hinten*: **Alamy Stock Photo**: Mohamad Haghani ur, Stocktrek Images, Inc. mr; **Dorling Kindersley**: Andrew Kerr mu; **Dreamstime.com**: Anetlanda ul. *Rücken*: **Dorling Kindersley**: Dan Crisp mo; **Dreamstime.com**: Anetlanda mu.

Alle weiteren Bilder © Dorling Kindersley
Weitere Informationen unter: www.dkimages.com